# Integration von Spiritualität

## - ein Geschmack im medizinischen Alltag

Klaus-Dieter Platsch (Hg.)

# Integration von Spiritualität

# - ein Geschmack im medizinischen Alltag

Eine Dokumentation der Veranstaltung „Medizin und Spiritualität" auf der Fraueninsel im Chiemsee / Oberbayern vom 7.-9.
April 2006 mit Beiträgen von

Anouk Claes
Jakob Bösch
Nura Loeks
Annette Kaiser
Klaus-Dieter Platsch

Eine  Publikation des Instituts für Integrale Medizin
Windschnur/Chiemgau
Originalausgabe
**ISBN 978 38334 9591 5**

# Inhalt

Vorwort  7

Integration von Spiritualität – Stille im medizinischen Alltag  11
Klaus-Dieter Platsch

Fragen an Klaus-Dieter Platsch  40

Spirituelle Selbstheilung und Versöhnung  53
Anouk Claes und Jakob Bösch

Fragen an Anouk Claes und Jakob Bösch  77

Tor der verborgenen Liebe – Heilen als Weg  89
Nura Loeks

Integrierte Spiritualität: eine neue Erde  111
Annette Kaiser

Fragen an Annette Kaiser  128

Weiterführende Literatur  136

Kurzbiographien und Anschriften  141

# Vorwort zur 4. Tagung 2006

Das vorliegende Buch ist eine Dokumentation der Beiträge zum Thema „Integration von Spiritualität – ein Geschmack im medizinischen Alltag" im Rahmen der Tagungsreihe „Medizin und Spiritualität" auf der Fraueninsel im Chiemsee/Oberbayern im April 2006.

Mir dieser 4. Tagung ist es durch eine sehr geglückte Auswahl der Referentinnen und Referenten gelungen, das Thema von ärztlicher, naturwissenschaftlicher und spiritueller Seite in besonderer Tiefe zu beleuchten. Dafür gilt den eingeladenen Vortragenden Anouk Claes aus Belgien, Nura Loeks aus den USA und Annette Kaiser und PD Dr. med. Jakob Bösch aus der Schweiz mein besonderer Dank.

Die Herzensatmosphäre, die Tiefe und Stille des Seins und die persönliche Erfahrung der Menschen lassen sich in einem Buch nicht unmittelbar wiedergeben. Dennoch lässt sich auch diese Ebene und die Kraft einer heilenden Vision in den gehaltenen Vorträgen nachspüren. Sie sind Perlen und Meilensteine, die sich noch einmal nachzulesen lohnen.

An dieser Stelle möchte ich meinen herzlichen Dank an alle an dieser Tagung Beteiligten – ob aktiv referierend oder diskutierend oder einfach nur dabei gewesen – aussprechen, sowie an Heike Goldgruber und Roland Brandmaier für die Transskribierung der Tonbänder. Mein besonderer Dank gilt Petra Kaufmann (Organisation, Transkription und Übersetzung), Christl Ederer (Tagungsassistentin) und Holger Sonntag (CD-Dokumentation) sowie den vielen anderen Menschen, ohne deren Hilfe eine Veranstaltung dieser Größenordnung und Qualität gar nicht möglich gewesen wäre.

*Windschnur im April 2007*          *Klaus-Dieter Platsch*

Die Heilung für mich war
Seine Schönheit,
das Heilmittel war –
zu lieben.

Rabia

# Integration von Spiritualität – Stille im medizinischen Alltag

*Klaus-Dieter Platsch*

## Ausgangspunkt

Die heute gültigen Paradigmen der Medizin müssen sich erweitern und grundlegend ändern.

Die moderne Medizin fußt auf dem mechanisch-materialistischen Weltbild des Mittelalters. Wir beziehen uns in der Medizin ausschließlich auf die Ebene von Stoff und Struktur. Wir betreiben eine somatische Organmedizin, die andere Ebenen des menschlichen Seins völlig außeracht lässt und den Menschen als eine reparaturbedürftige Maschine betrachtet.

In den letzten Jahrzehnten fanden noch im Einklang mit dem alten somatischen Paradigma langsam neuere Strömungen Eingang in die etablierte Medizin. Die psychosomatische Medizin bekam, wenn auch etwas widerwillig, einen Platz, in der die Wechselwirkungen von Emotionalität und Physis zur Geltung kommen. Parallel dazu kamen immer stärker die Alternativmedizin und die Komplementärmedizin auf, die naturheilkundliche und energetische Ansätze und Verfahren einbringen. Zum Teil integrieren sie in ihre Arbeit auch die Philosophie und Methoden von Medizinsystemen anderer Kulturen wie etwa die chinesische oder die ayurvedische Medizin.

*Larry Dossey* bezeichnet in der historischen Entwicklung der Medizin die reine Körpermedizin unserer Zeit als Ära-I-Medizin. Die Einbeziehung der Psyche und alternativer und energetischer Verfahren in die Medizin, die damit qualitativ über das Primat der reinen stofflichen Betrachtung hinausgeht, nennt er Ära-II-Medizin.[1] In diesem Feld versteht sich die derzeitige Medizin, die für sich in Anspruch nimmt, eine wissenschaftliche Disziplin zu sein.

Nun haben die Naturwissenschaften, die auch die Mediziner als Grundlage unserer medizinischen Wissenschaft betrachten, bereits längst einen Paradigmenwechsel vollzogen. Am deutlichsten wird dies in der modernen Physik, der Quantenphysik. Sie hat sich schon seit über 80 Jahren vom Materiebegriff gelöst. „Es gibt keine Materie, nur einen hinter der Materie wirkenden Geist", hat *Max Planck* schon in der 40er Jahren des 20. Jahrhunderts gesagt.[2] Der Materiebegriff ist durch den Feldbegriff abgelöst worden. Das Quantenenergiefeld wird als Ausgangspunkt jeglicher Manifestation von Stoff und Form angenommen, womit neben Materie auch immaterielle Formen wie Gefühle und Gedanken zu verstehen sind.

Wenn wir in der Medizin den längst überfälligen Paradigmenwechsel vom materialistischen zum quantenenergetischen Weltbild vollziehen, dann können wir von der Ära-III-Medizin sprechen, wie *Dossey* sie nennt, die allerdings noch längst nicht anerkannt ist, geschweige denn sich durchgesetzt hätte.

Die Quantentheorie geht davon aus, dass es im Quantenfeld unendlich viele Informationen als Wel-

---

[1] Larry Dossey: Era III Medicine: The Next Frontier, Revision 14 Nr. 3: Journal of Consciousness and Change, Cambridge, Mass, 1992, S. 128-139

[2] Max Planck: Vortrag „Das Wesen der Materie", Zeitschrift für Erfahrungsheilkunde 12, 1990, S. 807

lenfunktionen gibt. Es sind kohärente Wellen, die jenseits von Raum und Zeit existieren und ein unendliches Meer von Möglichkeiten bilden.[3] Wird eine Welle dekohärent, so realisiert sich diese Information in Raum und Zeit, bekommt vielleicht Masse und Anziehungskräfte und wird zu einem Materieteilchen. Im Feld der kohärenten Wellen – jenseits von Raum und Zeit – ist alles, was sich je manifestieren könnte, als Potenzial vorhanden. Im Feld gibt es keine Trennung – auf der Ebene der Materie sehr wohl. So können zwei Materieteilchen z.B. nicht zur selben Zeit denselben Raum einnehmen. Aber im Feld kohärenter Wellen ist das möglich. Felder können sich auch überlappen.

Bei einer Fähigkeit wie der Telepathie gehen wir gewöhnlich vom Bild eines Senders und eines Empfängers aus. Der Sender schickt seine Gedanken und überträgt sie auf einen anderen. Diese Vorstellung ist linear. So können wir das Phänomen der Telepathie nicht klassisch physikalisch erklären. Aber auf der Feldebene ist das einfach. Das Bewusstseinsfeld, das nicht lokalisiert ist – im Feld existieren nicht Raum und Zeit –, ist eins mit dem Bewusstseinsfeld des anderen. Sie sind *ein* Feld, in dem Information austauschbar und lesbar ist.[4]

Die Ära-III-Medizin ist durch die Nicht-Lokalität ihrer Phänomene und Wirkungen gekennzeichnet. Hier spielt die direkte Anwesenheit eines Patienten oder eine direkte Berührung oder Manipulation keine

[3] Ulrich Warnke: Die geheime Macht der Psyche – Quantenphilosophie – die Renaissance der Urmedizin, Popular Academic Verlags-Gesellschaft, Saarbrücken, 1999
[4] Günter Haffelder: Geist und Gehirn, Tattva Viveka, Sonderdruck aus Nr. 17, Bensheim, 2002

Rolle. Im Feld existiert keine Raumdimension. Es gilt das Prinzip der Nicht-Lokalität wie im Beispiel der Telepathie. Nach demselben Prinzip erklärt sich auch die Gabe des Hellsehens. Ein Mensch kann aufgrund dessen, dass er über das Feld verbunden ist, mit einem anderen Menschen in einer anderen Situation und an einem anderen Ort in Verbindung treten und so quasi sehen bzw. erfahren, was dort geschieht. Präcognition, d.h. in die Zukunft sehen zu können, erklärt sich ebenso, da auch die Zeitdimension im Quantenfeld aufgehoben ist.[5] Menschen, die im Wachbewusstsein nicht über eine prospektive Gabe verfügen, haben in ihren Träumen Zugang zu diesem Phänomen. Viele von uns in diesem Raum haben mit Sicherheit schon prospektive Träume gehabt. Sie können ganz alltäglich, ganz banal sein.

Diese Art von Begabungen haben letztlich alle Menschen. Die meisten haben nur den Zugang zu ihnen verloren. Im Laufe unseres Heranwachsens verlernen wir diese Fähigkeiten durch unsere zunehmende Konditionierung. Wenn dem Kind zum abermalsten Male gesagt wird „Du siehst ja Gespenster, das gibt es nicht", dann beginnt es seine Wahrnehmung auszublenden, um nicht in Widerspruch zu den allgemein akzeptierten Werten und Erfahrungen seiner Lebenswelt zu geraten. *Günter Haffelder* hat diese Fähigkeiten der rechten Hirnhälfte und dort den langsamen Wellenfunktionen im Gehirn zuschreiben können, dem Delta-Wellenbereich, der normalerweise nur im Tiefschlaf oder in tiefer Meditation vor-

---

[5] Jakob Bösch: Spirituelles Heilen und Schulmedizin, Lokwort, Bern, 2002, S. 44 ff.

kommt.[6] Unsere Denkfunktionen liegen aber im schnellen Alpha- und Beta-Wellenbereich, die die langsamen Delta-Wellen überlagern, so dass unsere Wahrnehmungskanäle subtiler Art ständig durch Denkprozesse und Affekte überlagert sind. In der Nacht kommen wir durch das Zurückgehen der mentalen Funktionen wieder diesem subtilen Wahrnehmungsbereich näher. Man kann durch bestimmte Übungen solche Fähigkeiten, die wir alle haben, auch trainieren.

*Dossey* spricht in Bezug zur Ära-III-Medizin auch von telesomatischer oder auch theosomatischer Medizin.[7],[8]

Telesomatik bezieht sich auf Phänomene wie Fernheilung aufgrund von Nicht-Lokalität. So sehen wir immer wieder, dass Menschen mit Heilbegabung andere Menschen auch über weite Entfernungen heilen können, ohne ihnen je gegenüber gewesen zu sein oder sie berührt zu haben.[9] Das geschieht im Feld, in dem Heiler und Patient eins sind. Wenn sich aus dem Meer der Möglichkeiten eine heilsame Information realisiert, dann kann auch über die Entfernung ein Heilungsprozess angestoßen werden.

Dass dies zu einem gewissen Grad erlernbar ist, haben große Studien in den USA gezeigt. Das medi-

---

[6] Günter Haffelder: Geist und Gehirn, Tattva Viveka, Sonderdruck aus Nr. 17, Bensheim, 2002

[7] Larry Dossey: Era III Medicine: The Next Frontier, Revision 14 Nr. 3: Journal of Consciousness and Change, Cambridge, Mass, 1992, S. 128-139

[8] Jeff Levin: God, Faith and Health, John Wiley & Sons, New York, 2001, S. 207 ff.

[9] Jeff Levin: God, Faith and Health, John Wiley & Sons, New York, 2001

zinische Personal lernte, bei den Patienten Heilungs-prozesse zu unterstützen und zu beschleunigen, nur dadurch, dass sie ohne direkte Körperberührung ihre Hände über das erkrankte Areal hielten. Behandeln kommt von Hand, und das kann auch ohne anzufassen subtil geschehen. Diese unter der Bezeichnung „Noncontact Therapeutic Touch" inzwischen weit verbreitete Methode hat in randomisierten doppel-verblindeten Studien signifikante Erfolge ergeben.[10] Die Heilwirkung kommt hier nicht durch die unmit-telbare Berührung zustande, sondern geschieht auf einer nicht-lokalen Ebene.

Zum Thema der Fernheilung sind in den letzten Jahren auch eine Vielzahl von Gebetsstudien veröf-fentlicht worden.[11] Gruppen von Betern oder Medi-tierenden verschiedenster Religionsgemeinschaften oder spiritueller Traditionen beteten für Menschen, die meist schwer krank in Krankenhäusern lagen, von denen sie allenfalls noch die Vornamen kannten oder auch ihren Aufenthaltsort. In vielen Studien waren die Betenden sogar in anderen Kontinenten zu Hause. In randomisierten und doppelverblindeten Studien konnten fast immer signifikante Besserungsergebnis-se für die Patienten, für die gebetet wurde, nachge-wiesen werden. Die Wirkung von Gebet und Medita-tion, die sich ebenfalls nur non-lokal über das Feld erklären lässt, hat *Dossey* mit der Bezeichnung „Theosomatische Medizin" belegt.

---

[10] Dolores Krieger: The Therapeutic Touch, Englewood Cliffs, N.J.: Prentice Hall, 1979
[11] Jeff Levin: God, Faith and Health, John Wiley & Sons, New York, 2001, S. 184 ff.

Um keinen Irrtum aufkommen zu lassen: Ära-III-Medizin ist nicht spirituell. Heilbegabungen und seherische und telepathische Fähigkeiten sind Geschenke des Lebens an die jeweilige Person. Ihre primären Wahrnehmungskanäle sind nicht einer Konditionierung zum Opfer gefallen. Diese Gaben sind aber in der Regel angeboren und zunächst völlig unabhängig von einer spirituellen Entwicklung. Wenn sich das Ego mit einer solchen Begabung zu stark identifiziert und sich damit wichtig tut, dann kann diese Gabe sogar zu einem großen Hindernis auf dem spirituellen Weg werden. *Irina Tweedie*, meine spirituelle Lehrerin, wurde während der Schulung bei ihrem Lehrer *Bhai Sahib* hellsichtig. In dem Moment, wo sie sich damit zu identifizieren begann, nahm ihr Lehrer ihr diese Fähigkeit, damit sie sie nicht von der Erfahrung der tieferen Wirklichkeit abbrächte. Auch die Ebene des Quantenfeldes und damit der nichtlokalen Phänomene ist Gegenstand der dualen Welt, existieren in der dualen Welt – und sind nicht die letzte Wirklichkeit. Dahinter liegt das Geheimnis – der nicht wissbare Urgrund des Lebens.

In den mündlich überlieferten Lehren von *Laotse* im *Hua-Hu Ching* steht:

Der Hellseher mag Formen sehen,
die sich anderswo befinden,
aber das Formlose kann er nicht sehen.
Der Telepath kann mit dem Geist eines anderen
Verbindung aufnehmen, aber nicht mit jemandem,
der Nicht-Geist erreicht hat.
Der Telekinetiker kann einen Gegenstand bewegen,

ohne ihn zu berühren, aber das Nicht-Greifbare kann er nicht bewegen.

Solche Fähigkeiten haben nur
im Reich der Dualität Bedeutung.
Darum sind sie bedeutungslos.
In der Großen Ganzheit gibt es weder Hellseherei noch Telepathie oder Telekinese; alle Dinge sind sichtbar, verständlich und für immer am richtigen Platz.[12]

## Non-Dualität

Das Geheimnis des Lebens, das immer namenlos bleibt, ist der Urgrund aller Existenz. Auch wenn es sich unserem Verstand entzieht, so spüren wir doch seine Präsenz. Dem Menschen ist ein Gefühl des Numinosen angeboren. Versuchen wir das Unsagbare auszusprechen, dann können wir nur unbeholfen stottern von der Quelle, dem Einen, Dao, der Leere oder dem Göttlichen, aus dem das ganze Universum hervorgeht.

Im *Hua-Hu Ching* heißt es an anderer Stelle:

Das Dao gibt allen Dingen Form,
doch selbst hat es keine.
Wenn du versuchst,
dir ein Bild davon zu machen,
verlierst du es.
Es ist, als wolltest du einen Schmetterling aufspießen:
Die Hülle ist gefangen, doch das Fliegen ist verloren.

---

[12] Brian Walker (Hg.): Laotses unbekannte Lehren – das Hua Hu Ching, Aurum, 2003, Kap. 20

Warum nicht
mit der einfachen Erfahrung zufrieden sein?[13]

Nicht-Wissen gehört zu den tiefen Erkenntnissen auf dem spirituellen Weg. Aus dem namenlosen Einen entfaltet sich die duale Welt unserer Sinneserfahrungen. Die Einheit lässt sich aber nicht mit unseren Sinnen erfahren, denn zur Erfahrung braucht es wenigstens zwei: den der erfährt und das, was erfahren wird. So ist die Erfahrung der Einheit die Erfahrung des Nicht-Wissens. Das wird gern ausgedrückt mit den Worten: Nicht-eins, nicht-zwei.

Aber unser Verstand will wissen. Verzweifelt suchen wir nach Deutung, Erklärung und Wissen. Je weiter wir aber mit unseren Fragen gehen und uns selbst dabei wahrhaftig bleiben, stellen wir fest, das wir in letzter Instanz nicht wissen. Mit unserer Liebe zur Wahrhaftigkeit setzen wir uns einer beängstigen Unsicherheit aus. Denn nichts hat auf Dauer Bestand. Nichts ist sicher. Da ist nichts, woran auch immer ich mich festhalten könnte. Keine Idee, kein Konzept, keine Beziehung, nicht Gesundheit, nicht Krankheit, nicht Leben, ja nicht einmal der Tod ist sicher. Denn wissen wir in der Tiefe, was der Tod jenseits seiner äußeren Erscheinungsform ist? Wohl höchstens soviel, wie wir wissen, was das Leben ist. Und das geht über äußere Beschreibungsversuche nur wenig hinaus.

Nicht zu wissen, ist ein Drama für das Ego, denn es braucht so dringend Gewissheit über sich selbst, es braucht dieses „Ich bin der oder die, ich bin das."[14]

---

[13] ebda: Kap. 6
[14] Eckhart Tolle: Eine neue Erde, Goldmann, 2005

Es muss sich identifizieren und sich selbst mehr und mehr Bedeutung geben. Und da es ahnt, dass es selbst so wenig Bestand hat, dass es selbst vergänglich ist, klammert sich das Ich verzweifelt an Dinge, Formen und Wissen. Damit kann es sich identifizieren, das gibt ihm vermeintliche Substanz und Sicherheit. Aber in seiner tiefen existenziellen Unsicherheit will es mehr und mehr haben. Die Erkenntnis des Nicht-Wissens ist zunächst ein ziemliches Drama für das Ich. Es geht gleichsam durch den eigenen Tod, denn es muss erkennen, dass es keine unabhängige Existenz hat und das, womit es sich identifiziert – Körper, Gefühl und Gedanken –, vergänglich ist. Damit relativiert sich das Ich, denn im spirituellen Prozess löst sich die Identifikation mit dem Ego auf, so dass sich der Blick klärt für die hinter den Dingen liegende Wirklichkeit, den Blick auf das Wesentliche. Dieser Vorstoß ist gleichsam ein Vorstoß zur Heilung. Heilung in mir selbst, aber auch heilsame Wirkung auf den anderen. Heilkundige sind Menschen, die durch einen solchen Prozess gegangen sind, und so Anschluss an diese Kraft und Möglichkeit gewonnen haben. Das geschieht nicht nur auf einem spirituellen Pfad, sondern Menschen, die ein existenzbedrohendes Erlebnis durchgestanden oder eine Nahtoderfahrung gemacht haben, berichten von diesem Perspektivenwechsel.

Das Durchscheinen der lebendigen Grundqualität des Lebens, der unverstellten und unkonditionierten Wirklichkeit, des einfachen Seins, ist ein wesentlicher Schritt auf eine neue Ebene des Heilens, ein Paradigmenwechsel in der Medizin.

Wir leiten nicht mehr Realität im Wortsinn von res = Ding ab, sondern Realität im Sinn der grundlegenden Wirklichkeit wird zu einem präsenten Bewusstsein, das die Dinge aus einer weiteren Sicht als der des begrenzten Egos betrachtet. Da ist etwas in mir, das erfährt, beobachtet und handelt, aus der Quelle meines einfachen Seins – meines Arztseins – meines Bewusstseins. Nicht „Ich bin Klaus, ich bin Arzt, ich bin verheiratet", sondern einfach ICH BIN – einfaches Sein ohne Identifikation.

## Wie drückt sich die Non-Dualität im medizinischen Alltag aus?

*Das Menschenbild*
Wenn sich das Bewusstsein über das Ego-Bewusstsein hinaus weitet, dann verändert sich der gesamte Blickwinkel. Das Menschenbild wird anders. „Spirituelle Erkenntnis ist die Einsicht, dass alles, was ich wahrnehme, erfahre, denke oder fühle letztlich nicht ich bin und dass ich mich in allen Dingen, die ständig vergehen, gar nicht finden kann ... Was bleibt, ist das Licht des Bewusstseins, in dem Wahrnehmungen, Erfahrungen, Gedanken und Gefühle kommen und gehen. Das ist Sein, das tiefere, wahre Ich."[15] So drückt es *Eckart Tolle* aus. Das gilt für jeden Menschen, auch für den anderen, auch für die Patienten.

In der Arzt-Patienten-Begegnung wendet sich mein Blick auf das göttliche Wesen meines Gegenübers, nicht primär auf seine Ego-Struktur und Ego-Äußerungen. Natürlich nehme ich weiterhin seine Eigenheiten, seine Ängste, Prahlerei, Grimmigkeit, Abwerterei usw. wahr und werde auch damit umge-

---

[15] Eckart Tolle: Eine neue Erde, Goldmann, 2005, S. 88

hen. Aber ich erkenne, dass das seinem tieferen Wesen aufgesetzt ist, und ich selbst kann gelassen und angemessen darauf reagieren und antworten, so wie es die Situation erfordert, ohne eigenen Ärger, Überheblichkeit, Vorurteil usw. Zwei Menschen begegnen sich in ihrem tieferen Wesen – wir können sagen: von Herz zu Herz. Selbst wenn es nicht bewusst wird, so spürt doch der Patient oder die Patientin etwas, das sie annimmt, ihr Herz wärmt und ihnen Hoffnung gibt.

Verankert im präsenten Bewusstsein ist es möglich, mit allem klar und achtsam umzugehen. Persönliche Verstrickungen auf der Ebene von „Ich habe recht und du unrecht" oder „gut und böse", Verwicklungen durch unsere Projektionen auf andere können allmählich weniger werden. So bleiben wir beim Wesentlichen und behalten mehr Kraft und Zeit für die eigentlichen Aufgaben und das Leben.

Selbsterkenntnis braucht einen gewissen Mut. Je mehr Selbsterkenntnis gewonnen ist, desto eher kann man andere durch ihre Schwierigkeiten lotsen, z.B. durch ihre Angst, einen Blick auf sich selbst zu werfen, die eigenen Beziehungen und Probleme anzuschauen oder sich der eigenen Tiefe zu stellen.

Wenn wir erkennen, dass wir alle im einem unendlichen Meer der Möglichkeiten schwimmen, dann beginnen wir, nichts mehr für unmöglich zu halten. Wir lassen uns nicht von Statistiken in unserem Bemühen um die uns Anvertrauten abschrecken und müssen auch bei keiner ernsthaften Erkrankung mehr ein Schreckensszenario ausbreiten. In jedem Menschen selbst steckt das Potenzial zur Heilung. Wir als Menschen in den Heilberufen können den Patienten helfen, wieder Anschluss an dieses Potential, an ihren inneren Heilkern zu finden.

Es geht um die heilsame Information aus dem Meer der Möglichkeiten, darum dass der Mensch seine eigene Heilsgeschichte findet. *Jean Shinoda Bolen* sagt dazu: „Die Menschen müssen die Geschichte, an die sie glauben, ändern, um ihren Kurs zu ändern. Wenn sich bei Krebspatienten eine unerwartete Spontanheilung vollzieht, dann ändert sich zum Beispiel die Geschichte ´Ich sterbe´ ... Das Aha-Erlebnis ist: ´Es ist möglich, dass ich gesund werde.´ Diese neue Geschichte wird auf der Zellebene ´gehört´."[16] Im Quantenfeld wird die entsprechende Information dekohärent und realisiert sich.

Wenn das auf fruchtbaren Boden fällt, dann geschehen Wunder und tiefe Erfahrungen wie bei einer Patientin, die wegen langjähriger, heftiger Migräne in Behandlung kam. Sie lebte ständig in einem inneren Unfrieden wegen ihrer beruflichen und finanziellen Situation, die sie vollständig ablehnte. Sie erlebte sich als ohnmächtig und durch die äußeren Umstände bestimmt. So führte sie einen steten inneren Kampf gegen ihre Lebenssituation, den sie aber ihrer Überzeugung nach auch nie gewinnen konnte. Ihr Körper drückte diesen Konflikt mit Migräne, Rückenschmerzen und Verdauungsproblemen aus.

In der Behandlung gelang es ihr ein wenig, sich ihre Verwicklungen anzuschauen und ihre Lebenssituation nicht mehr so stark abzulehnen. Als sie ent-

---

[16] Jean Shinoda Bolen: Schwellenerfahrungen – die psychologische, spirituelle und soziale Bedeutung von „Einheit in der Dualität", in: Einheit in der Vielfalt, Tarab Tulku XI, Lene Handberg (Hg.), Theseus, Berlin 2005

gegen ihrer lebensskeptischen Einstellung begann, sich eine neue Perspektive vorzustellen und sie sich auch zu erlauben, da machte sie einen Quantensprung. Bevor sie wieder nach Hause abreiste, schrieb sie mir folgenden Brief:

„Als ich meine Ferienwohnung bezog, stand eine kleine Vase mit einer Rose auf dem Tisch. Die Blüte war fest verschlossen. Im Lauf der nächsten Tage, während ich in Ihrer Behandlung war, entfaltete sich die Blüte mehr und mehr, bis sie schließlich stolze 17 cm im Durchmesser maß und einen betörenden Duft verströmte.

Nie habe ich eine schönere Rose gesehen. Und wie ich ganz versunken die Schönheit dieser Blume betrachtete, fühlte ich mich plötzlich eins mit ihr.

Sie wird bald vergehen. Eins nach dem anderen werden ihre Blütenblätter zu Boden fallen.

Doch ich will weiter wachsen, blühen, sein und mich an meiner eig´nen Schönheit freu´n."

Durch diesen neuen Blick auf ihr Leben, durch diesen Perspektivenwechsel hat sie eine tiefe Erfahrung der Einheit und damit des Lebens gemacht. Sie erlebte sich von einer anderen, für sie ganz neuen Perspektive. Sie erfuhr sich als ganz, nicht wie sonst als zerstückelt. Die Schönheit und die Liebe, selbst zu erblühen, sind ihr zur Perspektive geworden. Und alles war und ist in ihr selbst.

*Begegnung von Herz zu Herz*

Sind wir durch die Unsicherheit und Unbeständigkeit unseres Lebens gegangen, müssen wir nicht mehr krampfhaft an vermeintlicher Sicherheit festhalten, dann werden wir bereit für eine radikal gewagte Begegnung, die mich selbst bewegt und aus der ich selbst verändert hervorgehe. Ich muss nicht mehr an meiner Ego-Rolle festhalten, ich muss keinem Selbstbild mehr entsprechen und darf auch bei aller beruflichen Kompetenz mein letztinstanzliches Nicht-Wissen offenbaren, ich darf und muss verletzlich sein, weil ich mich ganz hineinbegebe, nicht mehr außen vorlasse, wie sonst immer. All das macht uns immer menschlicher, erfahrbarer, vertrauenswürdiger und authentischer. Unser offenes Herz öffnet die Herzen. Arzt und Patient begegnen sich von Herz zu Herz, und jede wirkliche Begegnung verändert uns selbst. Das ist nicht der Preis, sondern das Geschenk der Begegnung. Denn in dieser wahrhaftigen Art und Weise, uns zu begegnen, gewinnen wir alle.

In der Herzensbegegnung sehen wir über die oberflächlichen Motive und Ego-Strukturen, so extrem sie auch sein mögen, hinweg und finden den Ort im anderen Herzen, der sich nach genau demselben sehnt, wonach auch wir uns sehnen. Wir begegnen einander auf einer tiefen, wahrhaft menschlichen Ebene. Das ist die Voraussetzung für einen Heilungsprozess.

Eine Begegnung von Herz zu Herz ist mit jedem Menschen, also auch mit jedem Patienten und jeder Patientin, möglich und keine Frage von Raum und Zeit oder Kosten im Gesundheitssystem. Sie ist möglich in einer vollen Sprechstunde und sie ist möglich im OP am Operationstisch oder mit einem im Koma bewusstlosen Menschen.

Im letzten November gab es im Universitätsklinikum Großhadern in München einen Kongress über veränderte Bewusstseinszustände im Koma.[17] Es ist eine gängige, aber irrige Annahme, dass komatöse Patienten kein Bewusstsein hätten und nicht erreichbar wären. Ich habe in vielen Gesprächen von Ärzten, Seelsorgern und Pflegekräften über ihre Erfahrungen und ihre Arbeit auf der Intensivstation gehört. Allein die Berührung, das Sprechen mit dem Bewusstlosen führt zu erkennbaren und spürbaren Reaktionen der Kranken, die sich nicht mehr auf rein reflektorische, unbewusste Reaktionen zurückführen lassen. In nicht wenigen Fällen wachten die komatösen Patienten durch ein einfühlsames Vorgehen, das die Bewusstseinssphäre der Kranken durchdringen konnte, sogar aus ihrem Koma wieder auf. Menschen, die wieder aus dem Koma wach geworden sind, berichten oft, dass sie die anderen um sich herum wahrnehmen konnten, aber selbst keine Möglichkeit der Äußerung hatten.

*Peter Frör*, Krankenhausseelsorger und Mitinitiator des Kongresses, zitierte einen Patienten, der nach dem Wiederaufwachen sagte: „Du warst mir durch dein Dasein ein glaubwürdiger Zeuge, dass ich noch am Leben war."

Dieses Dasein ist ein mitfühlendes Dasein auf der Herzensebene.

Jeder Arzt und jede Ärztin schwören heute noch auf den Eid des Hippokrates. Sein zentraler Vers

---

[17] Traumland Intensivstation – Veränderte Bewusstseinszustände, München Großhadern, 2005

lautet: „Heilig und rein will ich mein Leben und meine Kunst ausrichten und bewahren."[18] In der hippokratischen Tradition repräsentiert dieser fünfte und damit mittlere von insgesamt neun Versen das Herzzentrum als Ort der apollinischen Heilkraft – *apollos iatros* = der Gott Apoll als Arzt. So ist das Herz transkulturell das Leitzentrum des Heilens, repräsentiert höchste Heilkraft und spirituelle Kraft. „Heilig" drückt den Bezug des Heilens zum Numinosen aus, dessen sich der vollbewusste Arzt gewahr ist. „Reinheit" meint die Reinheit der Absicht und die reine, unvoreingenommene und unverfälschte Wahrnehmung, die im heilenden Feld von Arzt und Patient ihre Wirkung entfaltet. Es geht hier um keine moralische Qualität. „Heilig und rein" entspricht einer Ausstrahlung des Herzens, die den anderen tief berührt und heil werden lässt. Zur Heilung braucht es Beherztheit, die weit über das Technische unserer heutigen Medizin hinausgeht.

Errichten wir aus dieser Prämisse unser neues Gesundheitssystem, gestalten wir aus dieser Herzensqualität unsere Krankenhäuser und Praxen. Lösen wir die verkrusteten Machthierarchien auf durch eine Hierarchie des Herzens.

## Die Qualität der Liebe in der ärztlichen Arbeit

Herzensqualität hat den Geschmack der Liebe. Eine Liebe, die nicht persönlich ist und den Verwerfungen menschlicher Beziehungen unterliegt, sondern eine über das Persönliche hinausgehende Liebe. Liebe, die bedingungslos annimmt und ja sagt. Die

---

[18] Annie Berner-Hürbin: Hippokrates und die Heilenergie, Schabe Verlag, Basel 1997, S. 410 ff.

bezeugt, was ist. Die nicht manipuliert, um die Dinge anders erscheinen zu lassen, als sie in Wirklichkeit sind. Die nicht bemäntelt und sentimental ist, sondern die, wenn es nötig ist, auch unbequem sein kann.

Vor kurzem wurde ich gefragt, was Liebe sei – diese Liebe als Geschmack des einen Namenlosen. Was kann man da sagen? Ist es nicht ebenso unbeschreiblich wie die Leere – ist da nicht ebenso Nicht-Wissen? Im Grunde können wir die Liebe nur an ihren Wirkungen ermessen. So erscheint sie als ein dynamisches Prinzip, das das Universum bewegt, erhält und verändert. Liebe ist gestaltende Dynamik.

Im November letzten Jahres war ich mit einer Gruppe mehrere Tage in den Konzentrationslagern Auschwitz und Birkenau. Wir meditierten und beteten dort in den Lagern der Vernichtung, wollten nachvollziehen und bezeugen können, was dort geschah. Ich war darauf vorbereitet, dass mich dort das Entsetzen packen würde und eine grenzenlose Scham darüber, wie unsere Väter und Großväter diese Gräueltaten haben vollbringen und stillschweigend dulden können. Aber als ich dort in diesem unglaublich riesigen Gelände des Lagers Birkenau stand inmitten der Ruinen der Gaskammern, fühlte ich nichts mehr von dem erwarteten Horror und dem Leiden der Millionen gequälter und vergaster Menschen. Stattdessen spürte ich einen erschütternden zeitlosen Frieden und Liebe. Keinen einzigen Augenblick leugne ich auch nur den kleinsten Teil dieser Verbrechen und Unmenschlichkeit – nein, es bewegte mich zutiefst –, aber dieser Ort hatte offensichtlich allen Schrecken der Vergangenheit verloren. Im Gegenteil, ich spürte eine tiefe Heilkraft, die von diesem Ort des Schreckens und Mordens ausging. Ich spürte die Kraft all der Gebete – Gebete der gefangenen und misshandelten Opfer und Gebete der Millionen von Menschen, die Auschwitz später besucht haben.

Auf einer *bestimmten* Ebene fühlte ich keinen Unterschied zwischen den Opfern und den Tätern. Was die Täter anrichteten und wie die Opfer litten, war unvorstellbar und schrecklich, aber ich empfand tiefes Mitgefühl für sie alle – ich fühlte mit ihnen im Raum der einen Liebe.

Ich versuchte zu verstehen, warum Menschen so grausam werden können, und ich musste aushalten zu erkennen, dass die Täter keine verrückten Monster waren, sondern in einer Weise ziemlich „normale" Leute. Ich wurde mir bewusst, dass das eigentlich das Bedrohlichste von allem war – dass ich sie nicht als verrückt abstempeln und zur Seite schieben konnte. Dass ich nicht mehr sagen konnte: Das hat aber mit mir nichts zu tun. Ich wusste unmittelbar, dass dieses Potenzial des Grauens in jedem Menschen steckt – in jedem, auch in mir. Mein Verstand möchte sich weigern, dass zu verstehen, denn er ist in seiner Ego-Struktur begrenzt – aber dies alles in meine Liebe zu nehmen, kannte keine Grenzen mehr.

Eine äußere Erscheinungsform der Liebe scheint mit ein fundamentales Ja zu sein zu allem, was wirklich existiert. Liebe umarmt alles, ist Ausdruck des Einen, der Ganzheit, in der ich nicht getrennt vom anderen bin. Auf der Ebene der Dualität sind Glück und Unglück so instabil und zerbrechlich, aber darunter fließt es zeitlos aus der steten Quelle des Lebens.

Ich weiß nicht, was Gott oder das Göttliche ist, aber ich kann seine Schöpfung in ihrer wunderbaren Vielfalt erleben und erfahren, die dieser zeit- und raumlosen Liebe entspringt. Liebe beinhaltet alles. Sie umfasst alles: gut und böse; richtig und falsch; ja und nein; heilig und profan; Gesundheit und Krankheit.

Krankheit gedeiht so oft auf dem Boden von Unfrieden, inneren Widersprüchen, Zerrissenheit und Unzufriedenheit. Das tiefe Ja-Sagen zu dem, was ist – Lieben, was ist – führt aus der Zerrissenheit und der Widersprüchlichkeit heraus. Unsere nicht erfüllten Wünsche, Sehnsüchte, unsere Abneigungen, unser Machtgebaren und unsere Ohnmacht verlieren sich auf dem Boden der tiefen Annahme. Nicht gute Miene zum bösen Spiel machen, sondern wirkliches ja sagen. Da tritt das Ego zurück. Die Liebe überwindet die vom Ego aufgebauten Gegensätze und führt zu innerem Frieden. Das, was ist, ist von Moment zu Moment der immer neue Ausgangspunkt meines Lebens. Ich bin frei, jeden Moment die Richtung zu bestimmen, und wo ich durch äußere Begrenzung nicht weiterkomme, bin ich frei, indem ich die Situation annehmen kann. Eine der schönsten Früchte des spirituellen Weges ist die grenzenlose Freiheit, die man in sich selbst gewinnt.

Das Leben meint es im Grunde immer gut mit uns, nur begreifen wir oft nicht seine tiefere Weisheit. Heilen und Lieben sind nicht von einander getrennt. Liebe ist die Grundsubstanz ärztlichen Wirkens, die sich im Patienten als Kraft einer tieferen Genesung erweist.

Viele Patienten bleiben in Gefühlen von Hass, Ressentiments, Verletzung und Leiden stecken. All das kann über kurz oder lang krank machen. Aber selbst wenn uns etwas zu unrecht widerfahren ist, können wir um der anderen und um unser selbst willen Versöhnung üben. An uns liegt es, den ersten Schritt zu tun. Es macht keinen Sinn, immer darauf zu warten, dass der andere auf einen zukommt. Wenn ich mir wünsche, dass der andere zu mir kommt, ist es der einfachste und erfolgversprechendste Weg, auf ihn zuzugehen. Und so ist das mit allem, was wir uns wünschen. Wenn ich mir wünsche, geliebt zu werden, dann werde ich beginnen müssen, selbst zu lieben.

„Wenn wir die Menschen so sehen, wie sie sind, dann sind wir im Begriff, Vergebung zu üben", sagt *Gerald Jampolsky*. „Und echte Vergebung sieht, dass es keinen wirklichen Grund zur Vergebung gibt, und damit das geschehen kann, muss ein neuer Grund für die Unschuld erkannt werden."[19] Unsere Konflikte spielen sich ausschließlich auf der Ego-Ebene ab und sind nichts weiter als Gedanken- und Gefühlskomplexe unserer konditionierten Erfahrungswelt. Sie sind damit gänzlich relativ und ohne wirklichen Bezug zur aktuellen Gegenwart. Der eigentliche Grund der Unschuld liegt im Wesenskern der Menschen, in seiner geheimnisvollen, leuchtenden Natur.

*Jacqueline Park* schreibt: „Das ganze Leben ist eine Offenbarung der einen vollkommenen Wahrheit. Jeder irdische Glauben ist nur ein unvollkommenes Streben nach jenem vollkommenen Glauben, und daher ähneln sich die Glaubensrichtungen mehr und

---

[19] G. G. Jampolsky: Was heilt ist die Liebe, Kösel, München 2001

mehr, je näher wir der Vollendung der vollendeten Liebe kommen."[20]

Aus dieser inneren Kraft und Herzensqualität sind wir auch im Heilberuf getragen. Die Liebe verleiht Flügel. Diese Liebe ist nicht persönlich, nicht sentimental und schon gar nicht sexuell. Sie ist reine Herzensliebe und damit höchste Heilkraft, die sich frei und direkt entfaltet und im kranken Menschen wirkt. Diese Liebe schafft Vertrauen, dass sich die intimsten Dinge offenbaren.

*Ethik aus der Stille*

Das ganzheitliche Menschenbild, die Herzensbegegnung von Arzt/Heilberufler und Patient und die allumfassende Liebe bilden den Ausgangspunkt und die Matrix ärztlichen Handelns.

In letzter Instanz sind wir mit unserem Nicht-Wissen konfrontiert. Der äußere Medizinbetrieb macht uns ständig glauben, dass wir wüssten. Diagnostik und Therapie unterliegen fortwährender Forschungsarbeit. Wirkungen werden in wissenschaftlichen Doppelblind-Studien nachgewiesen. Unser Verständnis von Medizin steht ganz unter der Prämisse einer objektivierbaren und reproduzierbaren Wissenschaftlichkeit. Das Zauberwort dieser Wissenschaftlichkeit ist seit einiger Zeit die Evidenz-basierte Medizin. Interessanterweise ist bislang noch nicht die Evidenz der Tauglichkeit einer Evidenz-basierten Medizin nachgewiesen worden. Sie ist lediglich eine unterstellte, mehrheitlich akzeptierte Annahme. Bei aller objektiven Wissenschaft werden die Krankheiten nicht weniger, sondern mehr. Die Menschen wer-

---

[20] Jacqueline Park: Das geheime Buch der Gracia dei Rossi, Drömer/Knauer, 2005

den zwar älter als früher, sind aber auch kränker. Gleichzeitig wird die medizinische Versorgung immer unbezahlbarer. Wir scheinen die Grenzen und den Nutzen der objektivierbaren Seite der Medizin erreicht zu haben. Quantenphysikalisch weiß man dagegen schon lange, dass es so etwas wie Objektivität gar nicht geben kann. Es gibt keinen objektiven Untersucher, da er Teil des zu untersuchenden Systems ist und, selbst wenn er sich absolut neutral verhalten könnte, das Ergebnis beeinflusst. Untersucher, zu untersuchendes Objekt und Untersuchung sind ein untrennbares Ganzes. Was in unserer Wissenschaft fehlt, ist eine das Subjekt mit einbeziehende, subjektive Forschung.

Dennoch hält die offizielle Medizinwelt an der Formulierung einer objektiven Medizin fest. Dabei gibt es inzwischen mehr als nur Hinweise, dass die Kostenexplosion im Gesundheitswesen und das Kränkerwerden der Menschen deutlich mit dem Verlust des subjektiven Faktors in der Medizin einhergeht. Ein Patient ist ein Mensch, der auch als Mensch behandelt werden will. Und Ärzte und jeder im Gesundheitssystem Tätige sind ebenfalls Menschen, die in einer hochtechnisierten Medizin kaum noch ihren Platz finden und sich zunehmend enttäuscht, frustriert und deprimiert unter ihren Arbeitsbedingungen fühlen.

Die offizielle Medizin formuliert inzwischen „objektive" Diagnose- und Therapiestandards, die für alle verbindlich sein sollen. Jeder Patient wird dabei über einen Kamm geschoren. Nicht nur dass die Therapiefreiheit dabei verloren geht – z.B. gehören Naturheilverfahren und energetische, ganzheitliche Therapiemethoden nicht zu den schulmedizinischen

Standards –, es leuchtet selbst jedem Laien ein, dass verschiedene Menschen verschiedene Zugänge und Behandlungen brauchen. Das setzt aber eine individuelle, auf das Subjekt bezogene Sichtweise der Medizin voraus. Menschen mögen vielleicht dieselbe Krankheit haben, aber aus völlig verschiedenen Gründen, in einem ganz anderen Kontext und bei einer unterschiedlichen Konstitution. Was für den einen gut ist, mag der anderen sogar schaden.

Viele wichtige diagnostische und therapeutische Entscheidungen treffen wir aus unserer subjektiven Erfahrung und oft aus dem Gefühl oder der Intuition heraus. Das ist in der Regel effizienter und gezielter als eine Diagnose oder Therapie nach dem Gießkannenprinzip. Allerdings hängen die subjektiven Entscheidungen natürlich von unserer individuellen Konditionierung ab und können unter Umständen mehr mit mir und meiner Einstellung als mit den Erfordernissen der Patienten und ihrer Situation zu tun haben.

Wenn wir nicht gleichmacherischen Standards folgen wollen, sondern uns einer individuellen, den Patienten gerecht werdenden Behandlung verpflichtet fühlen, aus welchem Raum, aus welcher von subjektiver Voreingenommenheit und Konditionierungen freien Quelle schöpfen wir dann? Auch und besonders heikle Entscheidungen, wie Fragen am Rande der Existenz: Chemotherapie ja oder nein? Operation ja oder nein? Abschalten der lebenserhaltenden Geräte im Koma ja oder nein?

Das fundamentale Nicht-Wissen ist ein Raum der Leere. In tiefer Gedankenstille, z.B. in der Meditation, können wir diesem Phänomen der Leere begegnen. Wir hören die Stille. Jenseits des Verstandesbewusstseins mit all seinen Gedanken, Gefühlen und Konditionierungen taucht der Mensch ein in ein stilles, leeres Bewusstsein – einen Ort höchster, dynamischer Präsenz.

Aber auch wenn man nicht meditiert, so ist doch dieser Bewusstseinsraum immer da. Allerdings wird er normalerweise durch das Getöse unserer Alltagsaktivitäten, unserer Gedankenströme, unserer Gefühle und Probleme übertönt.

In diesem präsenten Bewusstseinsraum, diesem Raum der Stille, gibt es keine Gedanken, keine Konditionierungen, keine Voreinstellungen oder Vorurteile – da existiert nur Nicht-Wissen in einem dynamischen, präsenten Bewusstsein. In der Stille ist der Mensch angeschlossen an das gesamte Bewusstsein des Universums. Dieses universelle Bewusstseinsfeld enthält im Meer der Möglichkeiten die Gesamtheit aller Informationen. Es ist das, was man mit universeller Intelligenz bezeichnet. Der ganze Kosmos ist eine einzige universelle Intelligenz.

Das Wesen der Stille ist, dass wir selbst schweigen – das Ich schweigt. Keine vorgefertigten Vorstellungen. Was bleibt, ist ein offenes Gewahrsein – ein Lauschen. Überlassen wir unsere Fragen und Entscheidungsschwierigkeiten diesem stillen Gewahrsein ohne Vorgabe, ohne zielorientierte Erwartung, einfach die Frage in der Schwebe haltend, dann entfaltet sich aus der universellen Intelligenz oft eine Antwort. Sie muss nicht in Worten kommen. Es kann auch ein Gefühl oder ein Impuls sein. Das, was aus dem leeren Raum kommt, entspricht der momentanen Situation, ist nicht zu verallgemeinern, hier und jetzt, bei diesem Menschen, in dieser Frage.

Die Chinesen sprechen in diesem Zusammenhang von *Wu Wei*: Tue das Nicht-Tun. Das ist keine Aufforderung, unsere Patienten nicht mehr zu behandeln und die Hände in den Schoß zu legen. Denn der Satz geht weiter: Tue das Nicht-Tun und nichts bleibt ungetan. Es geht um Absichtslosigkeit, ein Handeln, dass nicht den Bedingungen des Ego unterliegt. In präsenter Gegenwärtigkeit, frei von gelernten Konzepten und Voreinstellungen, entfaltet sich höchste Dynamik. Das reicht von Nicht-Handeln und Abwarten bis zu kraftvollster Aktion. Manchmal ist man auch überrascht, was sich einem als Antwort zeigt, etwas, das man so nicht erwartet hätte. Jede Antwort, jeder Impuls, der aus dem Raum der Stille kommt, sollte immer Gegenstand der Überprüfung durch den gesunden Menschenverstand sein.

Wie oft stehen wir alle vor Ermessensentscheidungen, wo uns kein allgemeiner Standard hilft. Als meine Schwiegermutter im vergangenen Sommer im Sterben lag und wir sie in diesen letzten Tagen begleiten durften – ich empfand es als ein großes Geschenk, miterleben zu dürfen, wie die Liebe dieses feinen Menschen durch die Hüllen des dahinscheidenden Körpers immer stärker zum Leuchten kam –, da ging es um die letzten Fragen. Z.B. hatten wir ihr versprochen, sie nicht unnötig leiden zulassen, aber woran ermisst man das Ausmaß des Leidens im bewusstlosen Körper?

## Ära-IV-Medizin – Medizin der Herzenspräsenz

Die Wissenschaften und mit ihnen auch die Medizin waren und sind immer auch ein Spiegelbild ihrer Zeit. Gegenwärtig stehen wir vor einer epochalen Veränderung der gesellschaftlichen, sozialen, philosophischen und geistigen Grundlagen unserer Welt. Die alten Überzeugungen und Werte, die nach wie vor einem materialistischen Weltbild folgen, bieten keine weiterführenden Antworten mehr auf die drängenden Fragen und Brennpunkte unserer Zeit und für ein gesundes und friedliches Zusammenleben der Menschen auf diesem Globus. *Karl Rahner* hat im vergangenen Jahrhundert gesagt: „Wenn wir im 21. Jahrhundert nicht alle zu Mystikern werden, dann werden wir dieses Jahrhundert nicht überleben."

Inmitten dieses Umbruchs steht auch die Medizin. Sie braucht ein der neuen Zeit entsprechendes neues Bewusstsein, um Gesundheit, Krankheit und Heilungsprozess, um Materie und Geist neu zu verstehen und den Erfordernissen der Menschheit im 21. Jahrhundert gerecht werden zu können.

Die Ära I und Ära II, die Körpermedizin einerseits und die psychosomatische Medizin und Alternativ- und Komplementärmedizin andererseits, folgen noch dem alten Paradigma der etablierten Medizin mit ihrem an Materie und Struktur orientiertem Hintergrund.

Die Ära III hat in den nicht etablierten Bereichen der Medizin schon längst Einzug gehalten, aber sie ist weit davon entfernt, von der Schulmedizin zur Kenntnis genommen, geschweige denn anerkannt zu werden. Obwohl es seit über zehn bis zwanzig Jahren weltweit mehrere hundert Studien gibt, die Fernheilung, Noncontact Therapeutic Touch und die Wirkung von Gebet und Meditation auf die Gesundheit und im Heilungsprozess experimentell belegt haben. Um diese Phänomene verstehen zu können, muss sich die alte Wissenschaft aber von ihrem ausschließlich materialistisch-mechanischem Weltbild trennen und das Prinzip der Non-Lokalität und der Feldtheorien, wie es die Quantenphysik wissenschaftlich längst bewiesen hat, in ihre Philosophie und Denkweise einbeziehen.

Aber der Wandel, dem wir entgegengehen, ist in Wirklichkeit noch viel grundlegender als nur das Phänomen der Non-Lokalität im Quantenfeld. Dieser Wandel bedeutet, dass wir uns trauen, der tieferen Grundlage unseres Lebens bewusst zu werden und als lebendige Wirklichkeit in unser Leben und unsere Arbeit einzubeziehen. Jeder kleine Schritt einer spirituelle Entwicklung und Einsicht verändert den Blickwinkel. Der Fokus der Aufmerksamkeit ist ausgerichtet auf das, was namenlos der Urgrund hinter allen Erscheinungsformen der dualen Welt ist. Das Wunder des Lebens, das unerklärbar bleibt, ist in seiner Gesamtheit heilig – nicht als Gegensatz zu profan, sondern als Ausdruck der Freude und der Demut gegenüber einer lebendigen Intelligenz in allem Leben.

Dort verlassen wir den vermeintlich sicheren Boden des Wissens, dort lassen wir uns mit unserem Herzen ein, so dass wir aus jedem Moment neu und anders hervorgehen. Dort geschieht Friedensarbeit im Einzelnen und in der Gesellschaft, weil die Begegnung wieder menschlich wird und von Verbundenheit und Liebe getragen ist.

Die Medizin kann wieder ganz und gar heilsam werden, wenn sie diesen Bezugspunkt hält, in dem sie dem Wesen des Menschen auf den Grund geht und sich nicht nur um seine Oberfläche kümmert.

Dieser Blickwinkel in der Medizin läutet die Ära IV ein.

Die spirituelle Einsicht verändert den Menschen. Das ist Friedensarbeit in mir selbst und damit auch Friedensarbeit für die Welt.

Letztlich ist das kein Weg, kein Ankommen, keine Entwicklung, denn wir kommen nur dort an, wo wir schon immer waren. Mit den Worten von *T.S. Eliot*:

> „Wir werden nicht aufhören zu forschen
> und am Ende all unserer Forschung
> kommen wir an, wo wir begannen,
> und erkennen diesen Ort zum ersten Mal."

Das ist, wo die Schleier fallen. Wo das präsente Bewusstsein das Spiel der Phänomene erkennt, die unseren Alltag ausmachen. Das präsente Bewusstsein, das in jedem Moment des alltäglichen Lebens den Blick auf das Namenlose gerichtet hält, das die Wurzel des Lebens überhaupt ist.

Von diesem Ort aus tun wir unsere tägliche Arbeit. Nichts im Außen hat sich sichtbar verändert – nur das Bewusstsein erkennt zum ersten Mal das Prinzip des Lebens und den Ausgangspunkt jeder Heilung. Ganz einfach.

# Fragen an Klaus-Dieter Platsch

*Ich fühle mich sehr verunsichert bei dem, was ich tue. Wenn ich in der Ära 3 arbeite, ändere ich eine Wirklichkeit, d. h. ich lasse aus dem Potenzialfeld Dinge in die Wirklichkeit kollabieren. Tue ich da etwas, was erlaubt ist und was ich tun darf, oder unterliege ich einer Hybris, dass ich hier die Welt ändern will? Ist das der Flügelschlag des Schmetterlings, der den Tornado auslöst? Das hat mich verunsichert.*

Die Frage nach dem Meer der Möglichkeiten. Ich glaube, man muss da unterscheiden. Wir alle geben unentwegt Informationen in das Meer der Möglichkeiten hinein. Ja, wir selbst sind in dieser Betrachtungsweise ebenfalls Information innerhalb dieses Meeres. Information in unserer Arbeit kann zum Beispiel allein schon durch unsere innere Haltung zu Heilinformation werden. Wie ich einem Patienten oder einer Patientin begegne, wie ich sie erlebe und sehe, ist dafür entscheidend. Zum Beispiel ob ich das Leiden eines kranken Menschen aus dem Blickwinkel des Mangels oder des Defizits betrachte, oder aus dem Blickwinkel seiner Ganzheit, in der er absolut gesund ist, wo die Krankheit einfach nur Teil seiner Ganzheit ist. Das macht einen großen Unterschied. Allein diese Betrachtungsweise wirkt schon als Information im Meer der Möglichkeiten.

Und dann gibt es auch so etwas wie eine innere Gesetzmäßigkeit, von der ich nichts weiß. Dass Dinge immer geschehen und kommen und sie in einem Kontext gehalten sind, der sie geschehen lässt. Das ist ein Geheimnis – dieselbe Quelle, aus der heraus letztlich auch Heilung geschieht. Und ich denke, es wäre in der Tat eine Hybris – deshalb bin ich für die Frage dankbar –, eine verwegene und größenwahnsinnige Vorstellung, dass wir mit unseren Informationen bewusst alles manipulieren und bewirken könnten.

Sie können zum Beispiel mit Gedanken-Information arbeiten: Der Patient möge jetzt gesund werden! Er möge keine Schmerzen mehr haben oder er soll von seinem Krebs genesen. Das ist gut gemeint, aber die Erfahrung wird in den meisten Fällen zeigen: So funktioniert es nicht. Zum Glück ist die Macht unserer Gedanken natürlich begrenzt. Es scheint nur dort etwas zu geschehen, wo etwas in Resonanz kommt. Das Resonanzprinzip ist die Antwort. Ich glaube, so kann man es vielleicht am präzisesten sagen. Das heißt hören – lauschen – gewahr sein, um überhaupt wahrnehmen zu können, was in Resonanz schwingt. Und wenn das in einer gemeinsamen Schwingung mit dem Patienten geschieht, kann vieles im Meer der Möglichkeiten passieren. Aber es muss Resonanz da sein. Es geht auch – das ist meine Erfahrung – kaum ohne oder gar gegen die Patienten. Die Offenheit der Patienten scheint notwendig zu sein. Ihre Bereitschaft. Aber viele Dinge geschehen auch, ohne dass wir wissen warum. Es kann jemand noch so verschlossen sein und trotzdem passieren plötzlich „Wunder", und man fragt sich warum. Hauptsache wir als Menschen im Heilberuf geraten nicht auf das Glatteis, dass wir das „Wunder" oder die Heilung bewirkt hätten.

*Den Versuch, täglich ein bisschen mehr aus einem offenen Herzen heraus zu leben, finde ich manchmal schwierig und manchmal leicht. Bisweilen bringt mich das in der Praxis in Schwierigkeiten – nicht bei homöopathischen Patienten, denn sie kommen mit einer sehr offenen Grundeinstellung. Aber ich arbeite auch als Psychotherapeutin, und diese Patienten kommen auf der Egoebene. Und wenn ich jetzt auf der anderen Ebene versuche, in Resonanz zu gehen oder das anzubieten, bin ich nicht sicher: Hole ich sie da ab, wo sie sind  oder wo sie hin wollen – oder drücke ich ihnen meine Sichtweise auf? Da bin ich unsicher, auch wenn ich irgendwie weiß, dass die Leute, die zu mir passen, auch zu mir kommen und die anderen woanders hingehen. Dennoch kippt es für mich oft, weil diese Patienten ja genau mit ihren Egothemen kommen.*

Was verstehen Sie selbst unter „mit dem Herzen arbeiten"?

*Mit einer Hintergrundsliebe arbeiten, so wie Sie das in ihrem vierten Punkt aufgezeigt haben. Wenn ich morgens meditiere und so in die Praxis gehe, bin ich meistens gut geerdet und spüre das im Hintergrund, werde dann aber mit Wünschen von den Patienten konfrontiert, die mit ihrer Verstrickung auf der Egoebene zu tun haben. Das heißt sie kommen auf einer anderen Ebene. Wo können wir uns da treffen? Wie kann ich dem Patienten oder der Patientin gerecht werden, wenn ich das, was ich denke und was mein Herz mir sagt,  eigentlich für richtiger halte?*

Die Vorstellung mit einem offenen Herzen zu arbeiten würde bedeuten, irgendetwas Spezielles mit dem Patienten zu tun oder in den Patienten hineinzutun, ist ein Problem. Denn damit kommen Vorstellungen und Erwartungen hinein, wie etwas sein soll. Es geht nicht darum zu versuchen, etwas richtig oder falsch zu machen, oder sich mit Ego oder Nicht-Ego auseinander zusetzen, sondern beim Thema „Herz zu Herz" geht es mehr um ein Feld – ein Feld dynamischer Kraft der Liebe. Spüren wir uns als Teil dieses Feldes, dann können wir von diesem Ort aus schauen, was passiert. Und das ist völlig unabhängig davon, mit welcher Haltung oder Einstellung der Patient oder die Patientin kommt. Viel entscheidender ist, mit welcher Haltung und Einstellung sie selbst in diesem Feld sind. Denn sie bewirkt etwas.

Wenn wir auf der Ebene einhaken, dass ein Patient passt oder nicht, oder dass es schwierig mit einem Patienten ist, kommen wir schnell an unsere Grenzen. Das ist nicht das Herzensfeld, sondern das hat mit den Grenzen meines Ich zu tun. Auf der Herzensebene orientieren wir uns aber nicht an der Ich-Frage, sondern schauen und arbeiten tiefer. Wenn wir unseren Fokus auf den Wesenskern des Menschen richten, ist die Frage nach dem Ich nicht so relevant. Wir können das in den schwierigsten Situationen machen und, wenn wir herausfallen – was immer wieder geschieht, denn manche Dinge sind für uns tatsächlich schwer auszuhalten –, stoßen wir wieder an die Grenzen unseres Ich. Aber der Bezugspunkt, der Fokus jeder heilenden Arbeit, ist das Feld der dynamischen, schwingenden Liebe von Herz zu Herz.

*Das mit dem Feld habe ich verstanden. Das ist ein guter Hinweis, einfach mehr zu vertrauen. Aber meine Frage war: Wenn ich versuche, auf das Wesen meines Gegenübers zu schauen, aber dieser Mensch mir gegenüber auf der Persönlichkeitsebene agiert, rutscht das nicht aneinander vorbei? Oder kann ich einfach diesem Feld vertrauen und es dem Patienten überlassen, was er davon annimmt und was nicht?*

Die Persönlichkeit des Menschen ist nicht getrennt von seinem Wesenskern. Wenn sie mit dem Herzen arbeiten, dann geschieht es in einer Qualität der Liebe. Und sie umfasst das Ganze – auch die Persönlichkeitsebene. Das lässt sich nicht abtrennen.

*Ich habe mich in meiner Laufbahn von dem Gefühl „Ich bin Heiler" verabschieden müssen. Durch mein Medizinstudium hatte sich in mir ein Bewusstsein entwickelt: Ich kann die Menschen heilen und der Patient ist der, der geheilt werden muss. Und ich denke, das ist eine schlimme Geschichte – auch für mich selbst –, denn diese Haltung macht hochmütig. Aber zum Arztsein gehört eigentlich Demut, die heute ziemlich verloren gegangen ist. Es gibt diesen Ausspruch von Paracelsus: Medicus curat, natura sanat. Wahrscheinlich kann ich nur etwas durchschwingen lassen oder weitergeben, was mir selbst ersichtlich oder fühlbar geworden ist. Aber ich kann nicht von einem erhöhten Standpunkt des Arztes aus, der oben steht, den anderen, den Patienten, der unten steht, zu mir hochhohlen oder in „meine" Ebene bringen. Ich kann eigentlich nur mit dem Patienten auf der gleichen Ebene stehen und von dort diese Schwingungen weitergeben – diese Liebe, wie auch immer man es nennt. Dort kann ich dieses Mitgefühl weitergeben und dem Patienten damit helfen, es in sich selber zu entdecken. Aber den Gedanken des Heilers, der aus sich heraus den anderen heilt, muss ich im Grunde loslassen – diese Art von „Zauberei": Ich gebe dir etwas, was du noch nicht hast. Denn das ist in Wirklichkeit überheblich und manipulativ.*

Sie sind ein Heiler. Ein Problem besteht nur dann, wenn Sie sich mit dieser Rolle identifizieren, sich höher oder außerhalb stellen und etwas mit dem anderen Menschen machen. Sich davon zu verabschieden, ist wunderbar. Bei Ihren ersten Sätzen dachte ich: Wunderbar! Da hat jemand in den vielen Jahren seiner praktischen Erfahrung einen wunderbaren Prozess gemacht und sich von dieser Art der Identität verabschiedet. Einer Identität, die meint: Es ist meine Person, die das macht. So wirken Sie als Heiler und das Wort Heiler – auch wenn es in der konventionellen Medizinwelt nicht gern gehört wird – dürfen wir ruhig im Herzen halten oder manchmal auch im Mund führen. Sie arbeiten als Heiler, wenn Sie als Arzt oder Ärztin oder als jemand aus einem anderen medizinischen Beruf aus der Tiefe heraus und im Respekt mit den Menschen arbeiten und durch ihre innere Haltung, durch ihr Dasein und ihr Begleiten das Heilpotenzial im Patienten zum Blühen bringen. Dann sind Sie Heiler – nicht mehr und nicht weniger. Ärztinnen und Ärzte waren immer Heiler, nur dass es sich die materiell ausgerichtete Medizinwelt heute nicht mehr zu sagen traut. Aber die Identifikation „Ich bin der Heiler, der bewirkt!" sollte gehen, denn so funktioniert es nicht. Wenn wir uns von dieser Form des Heilers verabschieden, wunderbar! Wir sind nur Gefäß. Gefäß in dem es geschieht. Nicht ich - *es* heilt. Und dieses *es* geschieht in dem Feld, das Sie und der Patient sind. Sie sind Heiler.

*Gehört die Philosophie des Namenlosen, des Urgrundes, unbedingt dazu, einen solchen Standpunkt einzunehmen? Ist das eine notwendige Voraussetzung? Muss ich mich damit beschäftigt haben?*

Nein. Die Frage ist, in welchem Kontext Sie diese Frage stellen. Ist es notwendig, sich mit Non-Dualität, mit Dao oder mit der namenlosen Leere auseinander zusetzen, um ärztlich oder heilerisch tätig zu sein?

Ich denke, es geht darum, ein Bewusstsein zu entwickeln. Welchen Namen Sie diesem Bewusstsein letztendlich geben, ist relativ, denn mit dem Namen versuchen wir ohnehin nur auszudrücken, was letztlich nicht ausgedrückt werden kann. Stattdessen geht es um ein weiteres Bewusstsein – ein Bewusstsein, das über die enge Begrenzung der Persönlichkeit und Identifikation hinausgeht. Und in diesem weiteren Bewusstsein entwickelt sich letztendlich auch ein Feld-Bewusstsein für unsere Arbeit. Dazu muss man nicht eine Philosophie haben oder etwas über Daoismus oder sonst etwas wissen. Manche Menschen erfahren dieses Bewusstsein sogar ganz spontan ohne ihr Dazutun. Und dieses Bewusstsein ist nicht nur eine Frage seiner Weite, sondern auch seiner Präsenz, des Hier und Jetzt. In dieser Weite und Präsenz kann alles geschehen. Aber auch wenn uns diese Dinge unbewusst bleiben, geschehen sie.

*Zuerst möchte ich mich tief bedanken für all das, was Sie gesagt haben – es auch so schön und deutlich zu sagen. Das hilft mir, im Alltag weiter zu gehen, wenn Ärzte und Ärztinnen versuchen aus dem Non-Dualen und aus dem Herzen zu arbeiten. Wo ich oft Grenzen, Einschränkungen oder Stolpersteine sehe, ist die rechtliche Ebene. Was natürlich für das Überbleibsel des Ego ein Vorwand sein kann – das Ego, das sich nicht traut. Aber ich sehe noch nicht, wie man die Arbeit, die Sie jetzt zum Beispiel für die medizinische Gesellschaft geleistet haben, auch auf eine rechtliche Ebene bringen könnte, damit diejenigen, die aus dem Herzen arbeiten wollen, das auch tun dürfen.*

Können Sie ein Beispiel nennen, wo genau das Arbeiten aus der Quelle, aus dem non-dualen Raum heraus eine Einschränkung auf der Ebene von Gesetzlichkeit findet?

*Zum Beispiel kann sich in dem Moment, wo man völlig präsent und offen ist, das zu akzeptieren, was ist, herausstellen, dass ein schwerkranker Mensch sterben will. Und nicht immer ist es möglich – ich spreche für die Schweiz –, dafür eine Unterschrift zu bekommen. Sehr oft arbeite ich mit Ärzten, die mir dann sagen: „Aber ich darf nicht!". Zum Beispiel kein Blut mehr transfundieren in einer Situation, wo es meines Erachtens schon wirklich nicht mehr sinnvoll, sondern eher ein Hindernis ist. Man könnte stattdessen zum Beispiel eine isotonische Elektrolytlösung infundieren. Aber das ist für viele Leute sehr schwierig, weil sie Angst haben – oder weil es aus ärztlicher Perspektive manchmal sehr schwierig ist zu akzeptieren, einfach nur warten zu können, ohne gleich handeln zu müssen.*

Ich glaube, es ist eine Frage unterschiedlicher Ebenen. Da gibt es die Frage der Gesetzeslage bei Sterbehilfe – die Frage, was man therapeutisch tun darf oder nicht. Das hat mit der äußeren Ebene, mit den Normen der Gesellschaft, in der wir leben, zu tun. Dort existiert ein Handlungsrahmen. Aber auch innerhalb dieses äußeren Rahmens lässt sich ein Bezugspunkt aus einem inneren Raum des Bewusstseins heraus finden, der erst einmal völlig unabhängig von einem äußeren Rahmen ist. Mein ganzer Bezugspunkt, was auch immer ich tue – ob ich über die Straße gehe, eine rote Ampel missachte, ob ich im Lokal sitze oder in der Praxis jemanden behandle –, in allem, was ich tue, kann dieser Bezugspunkt, aus dem heraus ich handle, die eine, namenlose Quelle allen Seins und aller Dinge sein. Mein ganzes Leben kann ich in diesem Bewusstsein leben. Das ist sehr tief.

Eigentlich leben wir alle in diesem Bewusstsein, nur dass es meist nicht bewusst ist. Denn jeder Mensch ist Teil der Ganzheit, Teil des einen großen Meeres. Wir alle sind Teil dieser einen Welt, dieser einen universellen Intelligenz, wie auch immer man das bezeichnet. Nur – wir erleben uns als getrennt. Aber wenn ich im Bewusstsein dieser Seinsebene lebe, dann kann alles, was aus dieser Dimension aufsteigt, getan werden.

Jede Handlung und jedes Nicht-Handeln kommt aus dieser Quelle und fragt nicht primär danach, ob es gesetzlich ist oder nicht. Wenn ich aus dieser

Quelle, aus dem Bewusstseinsraum der Stille eine Antwort oder einen Impuls erhalte, dann muss ich das natürlich auch immer in den Kontext meiner Umgebung stellen, zum Beispiel in den Kontext der Gesetze des Landes. Spirituelle Menschen achten die Gesetze des Landes, in dem sie leben. Sie beachten auch den Kodex der Berufsgruppe und auch die ganz normalen zwischenmenschlichen Dinge. Wenn sich zum Beispiel ein Impuls oder eine Entscheidung aus diesem inneren Raum herauskristallisiert, der sich gegen die Konvention oder gegen die Gesetze richtet, dann taucht die Frage auf: „Was tue ich jetzt?"

Und diese Frage lässt sich in jedem Moment immer wieder nur neu beantworten. Das ist nicht zu generalisieren. Und betrifft es im ethischen und juristischen Sinn heikle Fragen, dann kann man nur sehr gewissenhaft in sich selbst schauen, wie man mit dem Konflikt umgeht. Das kann einem niemand abnehmen. Wir haben das, was wir aus der tiefsten Quelle des Bewusstsein an Antworten und Impulsen bekommen, immer auch in den äußeren Kontext zu stellen. Das ist ein ewiges Oszillieren zwischen dem Einen und der Dualität. Das ist das Prinzip des Lebens: Es oszilliert; eins – dual, eins – dual. Und das geschieht jenseits von Raum und Zeit. Immer. Ohne Anfang und ohne Ende.


*Was meinen Sie damit, dass es im Tiefsten keine Vergebung gibt?*

*In meinem Verständnis ist es so, dass gerade für meinen eigenen Heilungsprozess sowie für den Prozess, durch den ich mit Patienten gehe, Versöhnungsarbeit eine ganz wesentliche Rolle spielt, wes-*

*halb ich einfach noch auf deren Bedeutung hinweisen möchte. Ich möchte Sie fragen, was Sie darunter verstehen, oder warum Sie das negieren?*

Vielen Dank für die Frage. Morgen werden wir einen ganzen Vormittag zum Thema Versöhnung haben. Sie haben völlig Recht: Versöhnung ist mit das Zentralste, um wieder gesund zu werden, denn Versöhnung heißt, die inneren wie auch die äußeren Widersprüche und Zerrissenheit, die zu Krankheit führen, zu überwinden. Indem wir die Gegensätze wieder vereinen.

„Keinen Grund zur Vergebung haben" ist aber eine noch tiefere Betrachtung. In ihr liegt noch tiefere Versöhnung – denn auf dieser Ebene gibt es keinen wirklichen Grund zur Versöhnung. Es gibt in der Tiefe keinen Grund zur Versöhnung, weil jeder Mensch in seinem Wesen immer ganz und unantastbar vollkommen ist. Wie sollte es da überhaupt Versöhnung geben? Wenn wir der tiefsten Vollkommenheit der Seele eines anderen Menschen begegnen, dann erlischt alles, was wir mit ihm oder ihr an Hader, Kampf und Zwistigkeiten austragen, indem wir erkennen, dass es keinen wirklichen Grund zur Versöhnung gibt. Jeder Mensch ist in seiner Seele und seiner Wesenhaftigkeit ein wunderbares Wesen. Damit fällt alles Unwesentliche ab. Das ist die tiefste Form der Versöhnung. Und Versöhnung ist absolut heilsam.

Natürlich können wir uns versöhnen, indem wir uns entschuldigen, einen Versöhnungsbrief schreiben oder unser tiefes Bedauern ausdrücken, wenn wir jemanden etwas angetan haben. Das ist richtig und oft auch hilfreich. Und dennoch – die tiefste Ebene

50

der Versöhnung ist zu erkennen, dass der Mensch in seiner Wesenstiefe immer jenseits von Schuld und Unschuld, von richtig und falsch steht.

Jener Teil des Geschehens, den wir sehen können, ist der notwendige Ge-
genpol zu dem, was unsichtbar ist.

Jean Gebser

# Spirituelle Selbstheilung und Versöhnung

*Anouk Claes und Jakob Bösch*

*Jakob Bösch* (Teil 1):

Spirituelle Selbstheilung und Versöhnung ist vielleicht ein nicht so vertrauter Titel. Deshalb möchte ich Ihnen zunächst ausführen, wie es zu diesem Titel gekommen ist. Dazu werde ich zuerst über meine Erfahrungen mit geistigem Heilen berichten, womit ich seit etwas mehr als zehn Jahren arbeite und worüber ich in Zusammenarbeit mit heilbegabten Menschen forsche. Anschließend wird Frau *Claes* über den Umgang mit Emotionen sprechen und auch praktisch mit Ihnen üben, so dass Sie ein Gefühl für diese Arbeit bekommen. Zum Abschluss wird es noch eine Versöhnungsarbeit mit einer kurzen Meditation geben.

Erfahrungen mit geistigem Heilen. – Es hat natürlich eine Krise in meinem Leben gebraucht, bis ich den Mut hatte, das, was mich mein Leben lang schon beschäftigte, auch nach außen zu tragen. Vorher waren die Ängste zu groß, Ängste vor Verlust des Renommees, des Rufes, der Respektabilität der Kollegen und so weiter. Aber Sie wissen, Krisen können uns oft weiterbringen, und so habe ich dann Mitte der 90er Jahre den Schritt nach außen gewagt. Ich wollte wissen, was an geistigem Heilen, Handauflegen usw. dran ist. Zuerst fand ich Kontakt zu einem brasilianischen Medium, das mit Inkorporationen arbeitete. Daraufhin fing ich an, das gegen jedwede Widerstände von innen und außen auch in der Ambulanz auszuprobieren und mit diesem Medium zu arbeiten. Im Wesentlichen ging es dabei um die Theorie, dass viele Krankheiten durch Fremdenergien oder Fremdwesen hervorgerufen werden.

Einige von Ihnen kennen vielleicht das Buch von *Carl A. Wickland*, in dem er Anfang des letzten Jahrhunderts sehr viele Beispiele von solchen Erkrankungen und Heilungen beschrieben hat.[21] Es gibt ja Tausende von Schriften über dieses Thema durch die Jahrhunderte hindurch. Und heute scheint es fast, als wäre der Kontakt zu Verstorbenen schon etwas Normales. Etwa die Hälfte der Menschen berichtet inzwischen, dass sie solche Kontakte hat. Man könnte von daher sagen, dass auch Hellsichtigkeit in gewissem Maße immer mehr zu etwas Normalem wird.

Da geht es zum einen um positive Kontakte, in denen ein Verstorbener mit einem ins Gespräch kommt oder der Verstorbene einem hilft, Ratschläge gibt usw.. Da habe ich von vielen Beispielen erfahren. Aber *Wickland* hat vor allem sich negativ auswirkende Kontakte im Auge gehabt. Auf dieser Grundlage hat sich eine ganze Therapierichtung entwickelt, die Spirit Releasement Therapy in den USA, die auf *Edith Fiore* zurückgeht, die sich um Anerkennung als etablierte Psychotherapieschule bemüht. In Brasilien ist eine andere Tradition vorherrschend, eine Tradition mit europäischen Wurzeln, die Captacao. Sie ist vor allem durch die *Federacao Espírita Brasileira* vertreten.[22]

---

[21] Dr. med. Carl A. Wickland: Dreißig Jahre unter den Toten , Reichl Verlag, 2000
[22] Mediales Heilen nach Allan Kardec

Ich habe einige Dutzend Patienten mit dieser Methode behandelt und hatte den Eindruck, dass sie, von Einzelfällen abgesehen, eigentlich nicht so wirkungsvoll war. Es brauchte relativ viele Sitzungen, ohne dass durchschlagenden Erfolge zu sehen waren. Dann ist mir aufgefallen, dass in Brasilien ein Medium nicht in eine Klinik geht – es gibt zwar auch Kliniken, die nach der Methode arbeiten –, sondern in der Regel kommen die Leute zuerst in eine Art Meditations- oder Gebetsraum. Dort gehen sie in die Stille und anschließend in den Unterrichtsraum – das hat mich so an die Sonntagsschule als Kind erinnert –, wo die *dottrina*, die Doktrin, vermittelt wird, d.h. den Leuten gesagt wird, worum es geht. Ich habe mich gefragt, ob darin nicht ein wesentlicher Unterschied liegt. Ich werde später darauf zurückkommen.

Jedenfalls habe ich diese Methode hinter mir gelassen und bin dann enger mit einer Heilerin in Kontakt getreten, die mehr das macht, was man als Therapeutic Touch beschreiben könnte. Sie hat das nicht gelernt, aber es gibt ja viele Methoden, die sich sehr ähnlich sind, wie die Schule von *Barbara Brennan*, wie Reiki oder eben Therapeutic Touch. Alles geht ein bisschen in die gleiche Richtung, ist sehr verbreitet und wahrscheinlich in fast allen Kulturen in diesem Sinne vorhanden. Nur dass *Dolores Krieger*, *Maud Nordwald Pollock* und *Barbara Brennan* das systematisch beschrieben, aufgearbeitet und Schulen gegründet haben.

Wir wissen heute durch die Biophotonenforschung, dass wir tatsächlich kohärentes Licht abstrahlen – alle Organismen und alle Zellen strahlen kohärentes Licht aus. Es handelt sich dabei um Laserlicht, das dieselbe Informationspotenz hat, wie wir sie für das Abspielen einer CD oder einer DVD benutzen. Dieses wunderbare Informationsübermittlungsinstrument steht uns allen also zur Verfügung.

Das weist auf etwas hin, das von *Valerie Hunt*, die in Kalifornien viel auf diesem Gebiet geforscht hat, betont wurde: Wir reden oft von Energieübertragung, aber die Energieübertragung ist nicht das Wesentliche, sondern es geht vielmehr um Informationsübertragung, durch die chaotische Zustände durch ordnende Zustände ersetzt werden. So hat *Valerie Hunt* gesehen, dass viele Heilende, z.B. beim Handauflegen, intuitiv in dem Moment mit der Behandlung aufhören, in dem sich die Ordnung des Heilenden und die des Behandelten einander angeglichen haben. Irgendwie scheinen sie zu merken, wann der Zeitpunkt gekommen ist. Das funktioniert also nicht wie bei einem Fernsehsender, der einfach nur ausstrahlt, sondern da scheint genuin auch eine Rückkopplungsmöglichkeit vorhanden zu sein.

Das kennen wir auch schon aus der Bibel: Einige kennen sicher die Geschichte von der blutflüssigen Frau, die gesagt hat, wenn sie nur das Kleid Jesu berühre, dann würde sie geheilt werden. Und sie berührte dann sein Kleid von hinten und Jesus sprach: „Ha, jemand hat mich angefasst." Die Jünger aber erwiderten: „Was willst du? Hier im Gedränge wirst du von überall gestoßen. Wie kannst du da merken, dass dich jemand angefasst hätte?" Aber er hatte ganz klar den Unterschied gespürt, wusste, dass jemand ihn angefasst hatte, und so drehte er sich um und sprach mit der Frau. Er verfügte also über eine feinstoffliche Wahrnehmung – man könnte sagen, dass da eine Interaktion stattgefunden hatte. Und dafür muss man von einem Kommunikationsmittel ausgehen – nicht nur Energie wie von einer Wärmelampe. Das würde nicht funktionieren. Ich denke, dass kohärente Strahlen wahrscheinlich ein wichtiger Teil in diesem Kommunikationsprozess sind.

Dafür gibt es auch Beweise. Der Biophysiker *Fritz Popp* hat Versuche mit Heilern gemacht, die nachwiesen, dass von ihnen eine starke Abstrahlung kohärenten Lichts ausgeht.[23] *Konstantin Korotkov* aus St. Petersburg zeigt in seinen Versuchen, dass die berechneten – nicht fotografierten – Energiefelder nach Handauflegen in einer Behandlung viel stärker und geschlossener sind als zuvor. Da passiert also einiges. Ich habe dann mit Frau *Graziella Schmidt* im Universitätsfrauenspital in Basel einen Versuch bei Frauen mit ungewollter Kinderlosigkeit gemacht. Ich kann sagen, dass die Behandlung allen Frauen sehr gut getan hat: Depressionen waren weg, Ängste verschwanden usw.. Ich bin dadurch selbstbewusster geworden. Wir konnten auch Veränderungen in den Eierstöcken und in den Hormonwerten nachweisen. So hatte sich auch der FSH-Wert, der Wert des follikelstimulierenden Hormons, normalisiert. Aber in manchen Fällen sind die Werte nach Ende der Behandlung wieder schlechter geworden, und es ist insgesamt auch nicht zu mehr Schwangerschaften gekommen. Das hat mich dann mehr und mehr nachdenklich gemacht.

---

[23] F.A. Popp: Bewusstsein als Eigenschaft kohärenter Zustände, 2002

Etwas Ähnliches habe ich bei der österreichischen Gesellschaft für zahnärztliche und medizinische Hypnose erlebt. Dort waren Kollegen, die eine Allergie hatten z.B. gegen Tierhaare, Lebensmittel oder Latexhandschuhe. Niemand von ihnen hatte jemals etwas mit Heilern zu tun gehabt. *Graziella Schmidt* wendete dort die Methode für die Allergiebehandlung an, die von *Horst Krohne* aus Deutschland stammt. Danach waren zwischen 90 und 98 % der Allergien weg. Sie sind aber innerhalb eines Jahres zum größten Teil zurückgekommen.

Ich will das nicht entwerten, denn wenn man nach zwanzig Minuten Behandlung ein halbes Jahr lang keine Medikamente mehr braucht, dann ist das ein sehr schöner Erfolg. Aber die Frage ist: Ist das das Wesentliche? Für mich war es das noch nicht. Und ich sage heute: Handauflegen ist vielleicht so ähnlich wie eine Tablette schlucken. Man kann damit sehr viel erreichen. Aber man muss sich darüber im Klaren sein, dass, wenn nichts im Menschen selbst geschieht, wenn er sich einfach nur passiv behandeln lässt, die Wirkung wahrscheinlich nicht unbedingt anhalten wird. Dennoch hält sie bei gewissen Leuten an. Dafür es gibt eindrückliche Beispiele: Ein Kollege, ein Internist, hatte einen Sohn mit schwerster Allergie. *Horst Krohne* behandelte ihn, wonach die Allergie weg war. Er hatte aber dem Sohn noch gesagt, dass er eine gewaltige Wut im Bauch hätte. Und so hat dieser Zwölfjährige seinem Vater in der Nacht nach der Behandlung alles gesagt – alles, was er ihm nie zuvor gesagt hatte. Da ist also durch die Behandlung auch ein Prozess in Gang gekommen. Verschiedentlich habe ich auch erlebt, wie selbst taffe Schulmediziner durch die Krankheit und die Behandlung des eigenen Kindes plötzlich eine ganz andere Richtung eingeschlagen haben.

Ich bin heute überzeugt, dass auch bei dieser Methode die eigene Entwicklung nötig ist – wie bei allen anderen Methoden auch. Und das muss nicht unbedingt den kranken Menschen selber betreffen. Die Krankheit kann auch stellvertretend für den Vater, die Mutter oder für die ganze Familie auftreten. Das kennen wir aus der Familientherapie. Etwas muss gehen. Das haben die Brasilianer vielleicht mit ihrer Schulung im Rahmen der Behandlung besser begriffen. Ich halte das für das eigentlich Wesentliche.

Ich war auch selbst zweimal für fünf Wochen bei Geistchirurgen auf den Philippinen und habe mich mehrmals behandeln lassen. Es geht dort eigentlich um das gleiche Prinzip. Die Behandlung findet oft in kleinen Kirchen statt – der Kirchenraum und der Behandlungsraum sind in den meisten Fällen gleich nebeneinander. Die Leute wissen zwar, dass sie dort Hilfe bekommen, aber das Wesentliche ist die Selbstheilung. Und es ist gut, das immer zu wissen, wenn wir mit geistigem Heilen arbeiten – oder auch mit Homöopathie oder chinesischer Medizin. Das war mein Lernprozess. Auch in Russland und in Brasilien wird Geistchirurgie praktiziert. Ich würde durchaus meine Hand dafür ins Feuer legen, dass die, die ich gesehen habe, keine Scharlatane sind. Um aber zu verstehen, was da genau geschieht, müsste man sorgfältig darüber forschen. Interessant ist, dass *Paracelsus* diese Technik, wie ich sie von einem philippinischen Heiler, *William Nonog*, gehört habe, mit ähnlichen Worten beschrieben hat: Geistchirurg ist jemand, „der in einen Menschen greifen kann ohne Verletzung desselbigen, das heisst ohne Öffnung; wie einer, der in ein Wasser greift und nimmt heraus einen Fisch und das Wasser bekommt kein Loch."

Wenn man aber mit dem Skalpell den Körper öffnet, dann gibt es nachher eine Narbe.

In der Quintessenz wusste ich, dass ich einen Schritt weitergehen musste. Ich wusste aber nicht genau, wie und in welche Richtung dieser Schritt gehen würde. Aber Sie wissen ja: „Der Mensch denkt, und Gott lenkt." Es gibt oft andere Kräfte, die uns behilflich sind. Ich habe in all den Jahren, seit meine Arbeit öffentlich wurde, viele Zuschriften von Heilenden bekommen, die eine Zusammenarbeit suchten. Eines Tages bekam ich ein langes Email, in dem stand: „Ich habe tagelang gebraucht, diese Email zu schreiben; jemand hat gesagt, ich müsste Ihnen schreiben." Das war von *Anouk Claes*. Sie hatte jemandem, der mein Buch ziemlich kritisch besprochen hatte, gesagt, sie würde genau so heilen und solche Dinge machen, wie sie im Buch beschrieben sind. Diese Person hat dann gemeint, sie müsse diesem Doktor schreiben. Ich habe sie dann eingeladen und gesagt, wenn die Patienten einverstanden sind, könne sie in meiner Sprechstunde mit dabeisitzen. Ich könne ihr nichts bezahlen, aber wir würden einmal schauen, was passiert. Sie sagte zu, und ich habe schon sehr bald gesehen, dass sich ihre Arbeit sehr deutlich von der vieler anderer Heiler, die ich kennengelernt hatte, unterschied. Und ich will jetzt zur Einführung in das, was Frau *Claes* gleich erzählen wird, ein paar Beispiele bringen.

Einer der ersten Patienten, von dem ich berichten will, war ein Manager, etwa Mitte fünfzig. Er hatte vor vier oder fünf Jahren einen kleinen Tumor am Nasenflügel und man hatte ihm geraten, ihn bestrahlen zu lassen. Das sei kein Problem – und er ging auch weg. Aber von der ersten Bestrahlung an hatte er Schmerzen im Rücken und in den Beinen, die vor allem in die Füße ausstrahlten. Man hatte dann alles versucht – bis hin zu einer neurochirurgischen Operation. Es gab auch eine gewisse Besserung, aber die Schmerzen gingen nicht weg. Er hatte bislang eine Führungsposition im Beruf und war ziemlich taff. Er befürchtete, wenn er zeige, dass er angeschlagen sei, wäre er gleich weg vom Fenster. Das verdoppelte seine Qual: „Ich habe nicht nur die Schmerzen und das Brennen in den Füßen, sondern ich muss sie auch noch verstecken und immer so tun, als ginge es mir blendend." Ich habe ihm dann ein paar Ratschläge gegeben, z.B. durch nasses Gras gehen. Das half auch etwas, aber es wurde nicht wirklich gut. Ich lud ihn dann zu einer Sitzung mit Frau *Claes* zusammen ein. Sie sagte zu ihm: „Ja wissen Sie, Sie haben ihre Gefühle in den Füßen und in den Beinen. Sie müssen sie aus den Füßen wieder hochziehen." Ich dachte damals, das wäre jetzt doch eine etwas „rustikale" Psychosomatik. Ziemlich simpel. Sie gab natürlich noch ein paar Erklärungen ab. Er hatte drei Frauen zuhause: seine pflegebedürftige Mutter, seine Frau, die von der Pflege ausgebrannt war, und eine Tochter mit vielen Problemen. Und gleichzeitig musste er im Geschäft funktionieren. Es war klar, dass seine emotionale Situation desaströs war. Das Interessante war, dass er nach zwei oder drei Sitzungen mit großer Dankbarkeit, auch gegenüber Frau *Claes*, kam und sagte, wir hätten eine Flasche Wein verdient. Das

Hochziehen hatte wirklich funktioniert und Sie werden gleich mehr darüber hören.

Das nächste Beispiel war für mich noch eindrücklicher, weil es mich selbst betroffen hatte. Ich bat Frau *Claes*: „Wenn du schon soviel siehst, sag' mir bitte immer, was mit meinen Gefühlen los ist", denn neben allem möglichen anderen sieht sie auch Gefühle besonders gut. Eines Tages kam sie und fragte: „Wie geht es dir? Nicht schlecht? Ja, wirklich? Geht's dir gut?" Na ja, da war's mir natürlich klar! Ich habe dann von meinen Schulterschmerzen erzählt, die ich seit zwanzig oder dreißig Jahren nach einer Verletzung habe. Und sie hat mich dann dazu gebracht einzugestehen, dass es schon ein heftiger Schmerz war. Aber was macht man, wenn man arbeiten muss und Teams hat, die man anleiten muss? Man schiebt es auf die Seite. Sie hat mir dann geholfen, diese Gefühle wieder am adäquaten Ort zu spüren. Was das heißt, werden Sie noch hören. Und da machte ich eine sensationelle Erfahrung – nach dreißig Jahren Psychosomatik –, nämlich dass dieser Schulterschmerz in wenigen Augenblicken verschwand. In Augenblicken! Und das habe ich später viele Male bei Patienten gesehen: Jeder Schmerz kann, wenn es gut läuft, in Augenblicken verschwinden. Und auch das Verschieben funktioniert bei den meisten Menschen. Natürlich kommt der Schulterschmerz von Zeit zu Zeit wieder. Ich habe gelernt, ihn als mein Öllämpchen anzusehen. Er ist mein rotes Lämpchen, das mir sagt: „Hallo, geh' in dich und schau mal, was mit dir los ist – mit deinen Emotionen." Das war für mich wirklich eine großartige Entdeckung, dass das so augenblicklich funktionieren kann. Das hatte ich nie vorher gelesen.

Das gilt genauso für das Verschieben. Wenn Frau *Claes* von Verschieben spricht, mag das vielleicht für Sie etwas exotisch klingen. Aber ich habe es selber sehen können. Mit der Zeit brauchte ich Frau *Claes* gar nicht mehr, um zu sehen, dass sich Gefühle oder auch Schmerzen in vielen Fällen verschieben lassen.

In einem anderen Beispiel geht es um einen Mann Mitte dreißig, der seit zehn Jahren schwerste Ängste und Schmerzen hatte. Er hatte mehrere Therapeuten und Freundinnen um sich, damit immer jemand da war. Als er wieder einmal kam und über seinen „fürchterlichen" Schmerz klagte, wollte ich eigentlich nur, dass er seine Aufmerksamkeit auf den Schmerz richtete, damit er ihn nicht mehr abwehrte. Ich sagte zu ihm: „Können Sie den Schmerz mal auf die linke Seite verschieben?" Erstaunt stellte er fest, dass er jetzt auf der linken Seite war. Dann sagte ich: „Jetzt nach unten." Ich bin dann auch etwas mutiger geworden. Dann auf die rechte Seite. Und es hat funktioniert. Ich forderte ihn auf, das zuhause zu üben. Am nächsten Tag schon schickte er mir eine SMS: „Sie haben mir ein neues Spielzeug gegeben!" Als er nach sechs Wochen wieder kam, sagte er, dass die Schmerzen irgendwann plötzlich weg waren, so dass er das Spiel gar nicht mehr machen konnte.

Zu diesem Zeitpunkt hatte ich gedacht, es begriffen zu haben: Bei diesen Fällen ist es so, bei jenen so, und nächstes Mal wüsste ich dann, worum es ginge. Das war natürlich nicht so. Frau *Claes* sagte immer, sie hätte noch nie zwei gleiche Fälle gesehen, und das musste ich dann auch einsehen.

Und so will ich noch ein Beispiel bringen. Eine 21-jährige Studentin klagte über so starke Schmerzen vor allem in den großen Gelenken, dass sie nicht mehr studieren konnte. Man hatte nichts gefunden, die Rheumafaktoren waren negativ, usw.. Aber die Schmerzen waren einfach so stark, dass sie nicht arbeiten konnte. Und ich erwartete schon, dass jetzt wieder der Zusammenhang mit den Gefühlen käme. Aber dann stellte sich im Gespräch heraus, dass sie seit ihrer Kindheit – sie war zusammen mit ihrer Schwester von einem Schweizer Ehepaar aus Indien adoptiert worden – in der Phantasie eine Verbindung zu einem Medizinmann oder einem alten Heiler hatte. Ihre Schwester hatte sie auch gehabt, sie aber aufgegeben. Frau *Claes* sagte dann, das sei richtig. Dieser Medizinmann wäre wirklich da und sei nicht einfach nur eine Phantasiefigur. Er würde auch etwas von ihr wollen.

Frau *Claes* hatte versucht, direkt mit ihm zu kommunizieren, und sagte, dass er bestimmte Informationen von dieser Studentin haben wollte. Sie wurde dann angeleitet, mit diesem Medizinmann in Kontakt zu bleiben und ihm die Informationen über unser heutiges Leben zu geben. Er gehörte offenbar einem Volk an, das jetzt gerade nicht inkarniert ist, das aber auf der Höhe der Entwicklung bleiben will und aus besonderen Gründen diese Verbindung sucht. Es mag Ihnen bizarr vorkommen – mir ist es auch bizarr vorgekommen –, aber nach drei Sitzungen in monatlichen Abständen kam die Patientin wieder und berichtete, dass die Schmerzen weg seien

– nur wenn sie mit ihrem Freund zusammen sei, kämen sie oft stechend wieder zurück. Und es wurde dann klar, dass sie den Medizinmann nicht dabei haben wollte, wenn sie mit ihrem Freund zusammen war, und dass diesem das nicht gepasst hatte, einfach so ausgeschlossen zu werden. Frau *Claes* schlug dann vor, dass sie ihm doch von ihrer Beziehung und ihrem Freund erzählen sollte, wenn der nicht da ist. Das hat dann funktioniert. In der letzten Sitzung sagte sie, dass die Schmerzen weg seien.

Ich sage das nur, dass es nicht immer Emotionen sein müssen. Es kann eben vieles mehr sein.

Und jetzt noch ein letztes Beispiel, das mir auch sehr wichtig ist. Ich vertrete seit langem die Meinung, dass viele Menschen, die wir als psychotisch etikettieren, eigentlich hellsichtig sind. Das habe ich ausführlich in meinem Buch beschrieben. Es sind verkannte hellsichtige Menschen, die eine starke Durchlässigkeit haben, die vieles aufnehmen, die mit vielem kommunizieren, ohne zu wissen, was es bedeutet. Sie bekommen dann Angst, reagieren falsch und kommen schließlich in die Psychiatrie. Die Psychiatrie behauptet dann, im Hirn dieser Menschen ticke es nicht richtig, da wären die Transmitter gestört, was man mit Medikamenten unterdrücken müsse. Das funktioniert aber so nicht, und das ist mir ein sehr wichtiges Anliegen. Ich bin glücklich darüber, dass wir immer wieder Patienten sagen können, dass sie eigentlich nicht krank sind, sondern dass sie eine besondere Begabung haben, mit der sie aber umzugehen lernen müssen.

Ich hatte eine asiatisch aussehende Patientin Mitte dreißig, die mit achtzehn Jahren   psychisch erkrank war und die ich schon seit acht Jahren begleitete. Sie war sehr schwer krank, war monatelang oder sogar über ein Jahr lang in der Klinik. In ihren psychotischen Phasen hatte sie immer seltsame Dinge gemacht, z.B. die Pflanzen aus den Töpfen gerissen und zum Trocknen ausgelegt. Sie hatte sich auch in ihrer Persönlichkeit verändert und ich konnte mir das alles nicht erklären. Frau *Claes*, die ja China-Erfahrungen hat, meinte dann, in asiatischen Kulturen wäre das Trocknen von Pflanzen eine selbstverständliche Tätigkeit, weil man damit für seine Nahrungsvorräte sorgt. Auf jeden Fall gelang es, den Kontakt mit der Mutter der Patientin auf einer geistigen Ebene herzustellen, über die sie ganz falsche Informationen hatte. Sie hatte in ihren Psychosen diesen verdrängten Teil, ihre Wurzeln gelebt, und sie sagte später, dass sie diese psychotischen Phasen richtig gebraucht hatte. Sie musste diesen Teil ihrer Herkunft von Zeit zu Zeit leben. Nachdem es gelungen war, das zu integrieren, hat sie sich verändert. Das ist eigentlich mein eindrücklichstes Therapieerlebnis, wie sich der halbtote Ausdruck ihrer Augen zu einem wirklich lebendigen Ausdruck veränderte. Sie ist dann auch sehr viel krisenfester geworden. Natürlich ist jetzt nach etwa einem Jahr vielleicht noch manches offen. Aber es gab eine wirklich dramatische Wende.

*Anouk Claes* (Teil 2):

Zuerst möchte ich etwas über meinen Hintergrund erzählen und darüber, wie ich zu meiner Arbeit gekommen bin. Ich komme aus Belgien, von der Nordsee. Meine Eltern hatten dort einen Campingplatz, einen sehr großen mit vielen festen Stellplätzen, so dass viele Menschen immer wiederkamen. Der Campingplatz war immer geöffnet, so dass ich stets im Büro sitzen und präsent sein musste. Und wenn z.B. Touristen kamen, die die Meldezettel ausfüllten, erlebte ich eigentlich immer zwei Welten. Ich „sah" als Kind bestimmte Dinge und natürlich dachte ich, dass alle so sehen, als wäre das völlig normal. Mit zwölf sah ich dann einmal ein Medium bei der Arbeit und dachte: „Aha, das ist  offenbar das, was ich auch mache." Das machte mich sehr neugierig und ich wollte dann umso mehr herausfinden, was ich denn noch sehen könnte. Es tauchte dann das erste Geistwesen auf, das mir Sachen beigebrachte.

Das geschah immer im Zusammenhang mit Menschen, die bei mir im Büro saßen. Es war Sommer, die Familien waren am Strand und oft leisteten mir ein paar Rentner Gesellschaft. Sie klagten über alle möglichen Schmerzen, kleine Zipperlein, aber auch größere. Es gab damals einen Heiler, der mit Handauflegen arbeitete. Die Leute fuhren mit einem Bus zu ihm nach Holland, und ein paar, die nicht geheilt wurden, kamen dann zu mir und erzählten davon. Sie dachten oft, mit ihnen stimme etwas nicht, oder sie hätten keine Gnade bekommen. Sie hatten sich quasi bestraft gefühlt und litten, weil ihnen nicht geholfen worden war. Etwas in mir hatte sich sehr gegen diese Einstellung gesträubt. Ich hatte das nicht glauben wollen, weil ich die Krankheiten sehen konnte. Ich wusste, dass sie einen Grund hatten, und man deshalb etwas machen konnte. Ich probierte dann, ihnen die Schmerzen wegzunehmen, merkte dann aber, dass das nicht lange andauerte. Die Geistwesen machten mich immer darauf aufmerksam, dass jeder Körper bestimmte Schwachstellen hat und es für den Körper einfacher ist, an diesen Stellen Schmerzen zu kreieren, als sich etwas Neues auszusuchen, wenn die Schmerzen weggenommen werden. Ich habe mich deshalb immer gehütet, bestehende Probleme zu verändern, und mein Sehen vor allem auf das „Wieso" spezialisiert: Wieso hat jemand eine bestimmte Krankheit?

Ich hatte nie einen menschlichen Lehrer, es waren immer Geistwesen – sehr viele über die Jahre hinweg. Ich habe mit vierzehn Jahren angefangen herauszufinden, was ich sehe. Das Sehen selber ist nicht so kompliziert, umso mehr aber zu verstehen, was man sieht. Die Basis der Arbeit mit den Geistwesen bestand aus täglichen Konzentrationsübungen, aus viel mentaler Arbeit. Ich habe mein Sehen sozusagen im kognitiven Anteil des Gehirns geschult, wo die Bilder und Informationen entstehen, während die Sensoren im Körper sitzen. Ich habe sehr lang gebraucht, das Ganze zu steuern. Anfangs probierte ich das immer mit Menschen aus, ohne dass das jemand mitbekommen hätte. So habe ich auch in der Schule immer geschwiegen – zum Glück – und es nie den Schulpsychologen erzählt.

Die hilfesuchenden Menschen sind immer erst sehr spät zu mir gekommen, nachdem schon viel mentale Arbeit andernorts vorausgegangen war. Ich merkte, wenn sich jemand beispielsweise schuldig fühlte. Was macht man damit? Man kann das diesem Menschen nicht ausreden. Ich sehe die Schuldgefühle im Körper sitzen. Dann begann ich, die Gefühle und die Gedanken zu trennen. Für mich ist ein Schuldgefühl eigentlich Trauer, auf der ein Gedanke klebt. Also Schuldgefühle alleine gibt es eigentlich nicht. Ich konnte dann die Gefühle immer besser wahrnehmen. Ich sehe sie wie Flüssigkeiten, die sich im Körper bewegen, und jede Emotion scheint ihren eigenen Platz zu haben. Im Idealfall sind sie wie Kugeln, die an einem bestimmten Ort auf ihrem jeweiligen Stuhl sitzen. Bei den meisten Menschen aber sitzen zwei oder drei Emotionen zusammen auf einem Stuhl oder sie vermischen sich.

Die fünf Emotionen, die ich sehe und die ich als für sich allein existent wahrnehmen kann, sind:
- Trauer
- Liebe
- Glück
- Wut
- Eifersucht.

Diese fünf sehe ich eigentlich bei jedem Menschen. Der genaue Sitz kann sich bei jedem einzelnen um einige Zentimeter verschieben. Die Trauer sitzt eigentlich immer in der Brustgegend, die Liebe in der Herzgegend. Ich teile die Liebe dabei auf in die Liebe zu sich selber, die Liebe zu den anderen Menschen und die Liebe zum Göttlichen. Alle drei Aspekte sitzen am selben Ort, aber ich arbeite meistens getrennt mit ihnen. Die Emotion Glück sitzt in der Mitte, quasi unterhalb der Trauer. Dann gibt es noch die Wut, die im Bauch, in der Magengegend, sitzt, und die Emotion Eifersucht, die auf zwei Seiten vorkommen kann und dann entweder auf einer der Seiten oder auf beiden Seiten sitzt.

In meiner Arbeit mit den Emotionen habe ich viel über ihre Eigenschaften herausgefunden. Sie verhalten sich alle verschieden. Trauer hat z.B. die Neigung sich auszubreiten. Sie sieht dann nicht mehr wie eine Kugel aus, sondern wie ein Pfannkuchen. Bei vielen Menschen habe ich beobachtet, dass die Trauer mit der Zeit wie ein Tintenfisch aussehen kann. Das geschieht, wenn man über seine Traurigkeit zwar redet und sie bearbeitet, dadurch das Gefühl aber nicht verschwindet, weil die Psyche das Gefühl mit einer bestimmten Ursache verknüpft. Sie hält sich an bestimmten Ursachen fest, weshalb man besser nicht sagen sollte „Etwas macht mich traurig", sondern „Meine Trauer reagiert auf das". Man sollte probieren, sich von den äußeren Umständen zu lösen, denn für mich ist jede Emotion jederzeit da. Viele Menschen denken, dass man umgebungsgesteuert wäre, aber das ist eigentlich nicht so. Wir sollten immer die Verantwortung dafür übernehmen, wie die eigenen Emotionen reagieren.

Trauer bleibt immer in der Brustgegend sitzen oder breitet sich von dort aus. Häufig werden auch Stückchen des Gefühls abgekapselt und irgendwohin verschoben. Wenn Trauer auf diese Weise lange verdrängt wurde, neigt sie dazu, Schmerzen zu verursachen. Wie schnell das geschieht, ist bei jedem Menschen verschieden und hängt auch davon ab, wie stark man das Gefühl abtrennt. Ich habe Menschen gesehen, die Stückchen davon abbrechen und verschieben, und es gibt wiederum andere, die versuchen, eine Decke über die Trauer zu legen, um sie abzukapseln, sie nicht mehr zu spüren. Trauer ist diejenige Emotion, die am meisten verbindet. Wenn man Trauer abkapselt oder verdrängt, fängt man an, sich einsam zu fühlen. Man fühlt sich fremd.

Liebe ist auch eine Emotion – eine die ausstrahlt. Es ist, als würde man durch sie die Dinge mit einem Scheinwerfer anstrahlen. Die Liebe selber lässt sich nur sehr schwer verdrängen. Wenn sich z.B. Menschen, die jemanden lieben, aber von dieser Person schlecht behandelt werden, dann mental entscheiden, diesen Menschen nicht mehr zu lieben, dann sehe ich, wie die Strahlen der Liebe von der Psyche quasi zurückgehalten werden. Es braucht ziemlich viel Kraft des Geistes, um das Ausstrahlen der Liebe zu dämpfen, und wenn diese Kraft nicht reicht, dann kann der Geist stattdessen Kräfte des Körpers benutzen, wodurch es zu Leiden in der entsprechenden Körperregion kommen kann. Denn dem Körper wird Energie abgezogen, um den Strahl zurückzuhalten. Das passiert ziemlich häufig und es kann sich dann auch noch Trauer darüber legen. Und so kann die Liebe nicht mehr strahlen. Ein weiteres Problem besteht noch, dass man, so verschlossen, die Liebe von anderen Menschen auch weniger empfangen kann. Das ist eine Sache des Resonanzprinzips. Sie kommt zwar an, aber man spürt sie kaum noch. So kommt es zu allen möglichen Beziehungsproblemen. Man kennt das.

Die Emotion Glück sitzt in der Mitte. Ich weiß nicht, welcher Umgang schwieriger ist, der mit Trauer oder der mit Glück. Für viele Menschen scheint der Umgang mit Trauer seltsamerweise einfacher zu sein als der mit Glück, denn wenn Glück da ist, haben viele sofort Angst, es wieder zu verlieren, und versuchen deshalb, es möglichst nicht zu stark zu empfinden, um sich vor Enttäuschung zu schützen. Oder sie sind traurig, dass sie nicht häufiger glücklich sind. Und weil Glück und Trauer relativ nahe beieinander liegen, neigen sie dazu, sich miteinander zu vermischen. Wenn man beispielsweise kurz nacheinander ein sehr trauriges und ein sehr glückliches Ereignis erlebt, dann vermischen sich beide und sitzen dann quasi nebeneinander. Und wenn man dann das nächste Mal glücklich ist, wird immer auch ein Stück Trauer aktiviert und umgekehrt, so dass man die beiden nur sehr schwer voneinander unterscheiden kann.

Glück kann auch Schmerzen verursachen, genau wie Trauer. Einmal sah ich einen Mann, der sehr starke Schmerzen im Arm hatte und deshalb keine Kleidung ertragen konnte. Der Grund dafür war, weil die Emotion Glück in seinem Arm saß. Der Mann hatte mit seiner Firma Konkurs gemacht und war eigentlich sehr glücklich darüber, sie endlich los zu sein. Aber er hatte solche Schuldgefühle gegenüber seinen Mitarbeitern, die er natürlich alle hatte entlassen müssen, dass er sich nicht getraute, sein Glück zu spüren. Und so hatte er es weggeschoben, sich quasi traurig gemacht über etwas, worüber er eigentlich sehr glücklich war. Das verursachte ziemlich starke Schmerzen, wobei man nichts Organisches finden konnte. Schließlich bekam er zusätzlich noch eine Gürtelrose.

Dann gibt es noch die Emotion Wut. So wie ich sie sehe, bewegt sie sich am liebsten durch den Körper. Sie hat nicht einen Stuhl, sondern mehr einen Eimer, in dem sie liegt. Und wenn wir wütend werden, fängt sie an zu strahlen und möchte am liebsten heraus. Was aber passiert, ist, dass die meisten Menschen einen Deckel auf die Wut setzen. Die Wut versucht dann natürlich aus dem Eimer zu entwischen. Sie versucht dann meist, den Körper zu übernehmen oder sich verbal auszudrücken. Die Wut herauszulassen, ist eine sehr angenehme Energie. Das gibt Kraft. Wut ist wie eine Batterie, eine Art Reservekraft, die wir im Körper haben und die wir einsetzen können. Nur in dem Moment, wo wir versuchen, sie im Schach zu halten, sind wir im Kampf mit uns selber. Die Wut wird verdrängt. Der weitentfernteste Körperteil, wohin wir sie verdrängen können, sind die Füße. Es gibt Patienten mit merkwürdigen Schmerzen in den Füßen. Dieser Manager war so jemand mit brennenden Schmerzen in den Füßen, und ich kenne da noch einige andere. Das kommt oft vor, wenn die Leute gut sein wollen. Wenn sie dann aber einmal wütend und eifersüchtig sind und sich deshalb bewerten, weil das nicht in ihr Bild vom guten Menschen hineinpasst, dann werden diese beiden Emotionen möglichst verdrängt. Aber das ist natürlich nicht möglich. Unsere Psyche und unser Geist haben keinen Einfluss auf unsere Emotionen und darauf, wie wir reagieren. Dies ist auch mein Anliegen, dass wir uns so akzeptieren, wie wir sind – alle Teile, die wir haben, annehmen. Das gilt für Wut im Besonderen, aber auch für Eifersucht.

Das Ego wird sehr häufig ausgesperrt. Aber für mich hat das Ego seine Berechtigung. Zu ihm gehören die Psyche, die Emotionen und das Denken. Jeder Teil hat andere Aufgaben und Interessen. Ich hatte einmal eine Frau mit sehr starken Schmerzen, eine Art Rheuma. Sie war zu stark auf die geistige Spur gegangen, weil sie dachte, die Schmerzen wollten sie etwas lehren. Aber das Ego hat eine ganz andere Meinung dazu, das Ego will überhaupt keine Schmerzen und ist nicht interessiert an irgendeiner Lernerfahrung. Sie hatte zu stark versucht, das Ego zu unterdrücken. Ich riet ihr dann, einmal mit ihrem Knie zu reden – erst einmal aus der Position des Geistes heraus, indem sie ihrem Körper sagt, dass sie wisse, dass die Schmerzen ihr etwas mitteilen wollten; und dann solle sie aus der Position des Ego heraus reden und sagen, dass sie überhaupt keine Schmerzen wolle und ihr die Lernerfahrung völlig egal sei. Sie sollte sich einmal richtig beklagen. Und tatsächlich hat diese Intervention das Problem letztlich gelöst. Die Frau hatte ein schlechtes Gewissen gehabt, sich zu beklagen. Das war ein Konflikt zwischen Geist und Ego. Ich sagte zu ihr: „Das Ego ist völlig normal, das Ego ist in unserer Welt normal, man braucht es zum Einkaufen und solchen Sachen. Es hält sich aus den geistigen Bereichen heraus, und der Geist wiederum hat kein Interesse am Einkaufen; so ist es wichtig, dass man jeden einzelnen Teil akzeptiert." Auch das Denken. Viele Menschen werten – ich auch; ab und zu werten meine Gedanken. Dann denke ich: „Aha, meine Gedanken werten jetzt wieder." Ich lasse sie und versuche nicht, sie einzusperren. Denn jeder Teil, den man versucht loszuwerden, wird sich umso mehr bemerkbar machen. Und dann bekommt man Probleme mit den eigenen Gedanken, mit den Gefühlen, mit dem Ego, mit dem Geist oder mit dem Körper. Aber in den meisten Menschen herrscht eine Diktatur des Geistes, der eigentlich so ziemlich alles entscheidet. Der Körper muss sich nach ihm richten und ist meistens nicht gleichberechtigt. Die Gleichberechtigung von Geist und Materie ist für mich ein wichtiges Thema. Für mich sind sie nicht voneinander getrennt.

Dinge gehören auch ein bisschen zu meinen Themen, denn ich rede ja nicht nur mit Geistwesen, sondern auch mit Gegenständen. Das war besonders in den letzen fünf Jahren der Fall, wo sie anfingen, mit mir zu reden. Gegenstände werden von uns meistens vernachlässigt, oder werden vom Geist her stark bewertet und in Kategorien eingeteilt. Ich erlebe das immer mit Plastikgegenständen. Ich höre immer ihre Stimmen, die zu mir sprechen. Die Gegenstände hören auch, was wir denken, und sie wissen auch alles. Die Materie unterscheidet sich nicht voneinander. Für uns ist dieser Tisch getrennt von dieser Wasserflasche. Aber die Materie sieht sich selber nicht so, sie sieht alles als eins. Deshalb kann es passieren, dass man allergisch auf Tomaten wird, wenn man etwas gegen seinen Computer hat, weil sie eins miteinander sind. Sie trennen sich nicht. Und wenn man die Materie abtrennt oder abwertet, kommt es automatisch auch zu einer Trennung vom eigenen Körper, denn der Körper gehört auch zur Materie. Die Plastikgegenstände sagen mir immer, die Menschen hielten sie nicht für natürlich, und sie fragen dann, woher sie denn wohl kämen? Und dann klagen sie auch, dass sie für alles Mögliche beschuldigt werden, und sagen, dass sie uns doch gar nicht angreifen.

Es ist immer unser Geist oder unsere Psyche, die alles in Kategorien einteilt und uns getrennt wahrnimmt. Ich kenne das auch mit Häusern, wenn z.B. Menschen sagen, sie fühlen sich nicht wohl in ihrem Haus, weil sie herausgefunden haben, dass da jemand umgebracht worden ist. Aber die Steine sagen: Wir haben gar nichts damit zu tun, wir schicken keine negativen Energien zu diesen Menschen. Die Gegenstände denken nicht nach und werten nicht, weder positiv noch negativ. Wenn aber von einem Stein erwartet wird, dass er uns negativ anstrahlt, dann wird er es auch machen, weil die Gegenstände nur unsere Erwartungen erfüllen.

Das ist natürlich ein Thema. In meinen Ausbildungen müssen alle mit allen Materialien, auch den Mikrowellen und anderen schädlichen Materalen, arbeiten und lernen, was da drin ist und was sie uns mitteilen. Plastik ist z.B. das kreativste Material überhaupt, weil es vom Menschen gemacht ist. Es ist sehr flexibel und überall um uns herum.

# Fragen an Anouk Claes und Jakob Bösch

*Es hat mich beeindruckt, dass Sie unter den Grundgefühlen die Angst gar nicht erwähnt haben, man aber in der Psychologie sehr viel von Angst spricht. Wie verstehen Sie das?*

Claes: Für mich ist Angst eine Instanz an sich, weil ich gemerkt habe, dass sie keinen eigenen Platz hat und sich überall hinsetzt. Mein Umgang mit Angst ist, sie zuerst einmal anzunehmen. Angst gehört zum Körper und hat eine Schutzfunktion. Ich schlage oft vor, der Angst einen Platz zu geben, z.B. in der rechten Schulter, weil da keine Emotion sitzt. Angst soll möglichst nicht links sitzen, denn das ist zu nahe bei der Liebe. Wenn die Angst an dieser Stelle sitzt und sich Angst und Liebe zusammentun, dann überträgt sich das sofort und man hat dann Angst zu lieben oder den anderen zu verlieren. Menschen mit Angstproblemen sollten der Angst ein Gesicht geben. Meistens kommt sie in den Farben schwarz, grau oder dunkel, und ich schlage dann vor: „Mach sie orange oder rosa, lass sie lächeln und rede mir ihr." Angst führt einen dauernden Kampf mit uns, weil sie nicht von uns weg kann. Wir brauchen sie. Angst ist ja dazu da, um uns vor Lebensgefahr zu schützen. Aber heutzutage gibt es nur sehr wenige Schlagen und Spinnen, oder Wölfe und Bären, und ich sage dann zu den Menschen: Die Angst langweilt sich sehr und sucht sich andere Beschäftigungen. Nehmen wir als Beispiel die Angst vor Spinnen: Das ist Angst, die Spinnen als Hobby hat. Es ist kaum möglich, wenn ein Mensch eine bestimmte Angst hat, sie loszuwerden. Wenn ich aber noch zehn neue

Aufgaben hinzufüge, dann kann sich die Angst nicht mehr auf ein Ding stürzen, sondern muss sich auch um die anderen kümmern.

Jeder Mensch sollte eine freundschaftliche Beziehung zu seiner Angst aufbauen und nicht versuchen, sie loszuwerden. Denn dann muss sie sich festhaken und sich mit der Logik zusammentun – und logisch gesehen gibt es ja immer Gefahr. Aber wenn sie in der rechten Schulter sitzen darf, beruhigt sie sich meistens schon. Die Angst geht nicht weg, aber sie hat erst einmal einen Platz.

Ich habe herausgefunden, dass die Emotion Eifersucht sich nicht mit Panik verträgt. Deshalb arbeite ich bei Menschen mit schweren Panikattacken mit Eifersucht. Beide sind von ihrer Natur her so verschieden, dass man nicht gleichzeitig eine Panikattacke haben und eifersüchtig sein kann. Sie verdrängen sich gegenseitig. Eifersucht ist eine Emotion, die die Kräfte sehr mobilisiert und den Körper zentriert. Eifersucht lässt sich auch schwer übertragen. Anders als Trauer. Sie lässt sich bei emotional instabilen Menschen, die vieles von außen aufnehmen und spüren, wenn jemand anders wegen etwas traurig ist, übertragen. Ebenso wie Liebe. Manchmal weiß man nicht mehr, ob das Gefühl von einem selbst oder vom anderen ist. Aber Eifersucht lässt sich nicht übertragen. Worauf die eine Person eifersüchtig ist, gilt überhaupt nicht für eine andere. Eifersucht ist eine Ankeremotion, die einen wieder zu sich zurückbringen kann.

Bösch: Ich darf wirklich empfehlen, in ihren Praxen zu versuchen, die Angst zu verschieben, denn damit habe ich sehr eindrückliche Erfahrungen gemacht. Ich will nur ein Beispiel nennen: Da ist eine Mutter mit zwei Kindern aus zwei verschiedenen Ehen. Aus erster Ehe hat sie einen achtzehnjährigen Sohn, der seinen Weg wegen Drogen, Diebstahl usw. nicht findet, und man sagt der Mutter, sie dürfe ihn nicht mehr so verwöhnen, sie müsse sich endlich von ihm distanzieren und dürfe ihm kein Geld mehr geben. Das sagt der Ehemann, die Therapeuten sagen das – Sie alle kennen diese Situation. Aber die Mutter kann nicht so handeln, denn sie ist voller Schuldgefühle und Angst, was dann passieren könnte. Und dann kommt sie zu mir und sagt: „Ich kann nicht einmal mehr die Liebe spüren." Weder zu ihrer Tochter aus zweiter Ehe, noch zu ihrem Sohn. Ich sage dann zu ihr: „Dass sie Schuldgefühle und eine sehr enge Beziehung zu ihrem Sohn haben, ist ganz natürlich. Erwarten Sie gar nichts anderes von sich als Mutter. Aber versuchen sie einmal, ihre Schuldgefühle und ihre Angst vom Herzen auf die rechte Schulter zu verschieben." Das war wie ein Wunder, wie sie plötzlich gestrahlt hat. Ich habe sie dann gefragt: „Versuchen Sie jetzt einmal zu spüren, was sie gegenüber ihrer Tochter und ihrem Sohn spüren?" Und sie sagte, sie spüre die Liebe wieder. Also es tönt wirklich so unglaublich einfach, aber viele Dinge funktionieren so – nicht alle, aber in manchen Fällen – und ich glaube, das Verschieben könnte jeder einmal mit seinen Patienten versuchen.

*Gibt es eine Aufteilung zwischen Furcht und Angst? In der Psychiatrie üben wir mit Patienten, dass Furcht etwas Natürliches ist, wahrscheinlich das, was Sie vorher als Angst bezeichnet haben. Et-*

*was, das man braucht. Etwas, wodurch man natür-*
*lich aus dem Bauch das Richtige tut, während Angst*
*etwas Unnatürliches ist, das man mental aufgrund*
*von bestimmten Konzepten aufbaut.*

Claes: Für mich ist das einfach Angst, die sich in
einer Art Überlebenskampf mit der Logik zusam-
mentut, wodurch die Angst aber nicht weggeht. Ich
unterscheide nicht zwischen Furcht und Angst. Für
mich ist Angst *eine* Instanz, die sich vergrößern und
verkleinern kann, zur Panik oder zur Furcht in allen
möglichen Stufen werden kann. Aber es bleibt für
mich ein Wesen, das sich manchmal logisch unter-
mauern lässt und manchmal nicht.

Bösch: Ich denke, man kann diese Unterschei-
dung schon machen, aber es sind eher zwei verschiedene Stufen. Du betonst ja, dass die Angst eigentlich
sehr intuitiv ist, ein eigenes hellsichtiges Wissen hat,
und diese Angst ist noch nicht Furcht. Von Furcht
spricht man eigentlich erst, wenn die Angst schon
definiert ist. Angst ist mehr eine Intuition, die aufmerksam wahrnimmt: Was könnte gefährlich sein?
Aber sie ist noch nicht in dem Sinne konkretisiert.
Das Konkretisierte würde ich dann als Furcht bezeichnen. Bist du damit einverstanden?

Claes: Ja

*Wie stellen sich aus einer hellsichtigen Perspek-*
*tive heraus Geist und Materie dar? Sind sie das*
*Gleiche, nur das eine gegenständlicher als das ande-*
*re?*

Claes: Also wenn ich auf eine bestimmte Art schaue, z.B. Materie anschaue, dann verschwindet alles. Alles ist weg. Ich sehe dann nur noch einen See, wie einen flüssigen Regenbogen, und jeder einzelne Gegenstand verschwindet darin. Aber ich kann das regeln. Stufenweise. Ich habe das bemerkt durch die Art, wie ich ein Glas anspreche: Spreche ich es auf der untersten Stufe an, weiß es nicht, dass es ein Glas ist. Es ist einfach eins. Wenn ich es aber auf einer höheren Stufe anspreche, weiß es, dass es ein Glas ist, weiß, wo es ist, von wem es gemacht ist und dass es mit mir spricht. Ich kann das regulieren, aber ich kann im Prinzip nicht mehr zwischen Geist und Materie unterscheiden.

Bösch: Also viele von Ihnen wie auch viele Patienten machen solche Erfahrungen, dass Dinge verschwimmen oder versinken. Ich halte das für hellsichtige Fähigkeiten.

Claes: Wenn Menschen solche Erfahrungen machen, kann das schon sehr schwierig sein. Ich bin ja geübt, habe fünfzehn Jahre Konzentrationsübungen gemacht. Aber für den Fall, dass ich nicht aufpasse, habe ich quasi einen Schalter installiert, damit mir nichts passiert. Als ich zum Beispiel einmal Auto fuhr, war das Auto plötzlich weg. Da muss man dann einfach die Nerven behalten. Ich wusste schon, dass das Auto noch da war, und so konnte ich zum Glück mit ihm reden. Und es hat auch mit mir geredet, weil es wusste, was in mir vorging. Und so hat es mir versichert, dass es noch da wäre. Das sind schon sehr merkwürdige Zustände. Manchmal hat man das Gefühl, dass man nicht mehr weiß, wo man ist, oder man erkennt die Umgebung nicht mehr, denn alles wirkt anders. Aber das ist vorübergehend.

*Liebe und Glücksgefühl sind ein Paar, Wut und Eifersucht sind ein anderes. Liebe und Glücksgefühl sind das, was mich zu mir führt, zu meinem Selbstbewusstsein, zu meinem Leben; und Wut und Eifersucht sind etwas, das mich von mir wegbringt, das mich von meiner Liebe zu mir selbst entfernt. Ich denke, wenn ich mich selber liebe, dann muss ich keine Wut oder Eifersucht gegenüber jemand anderen haben. Ich brauche mich dann nicht mehr mit anderen zu vergleichen und zu fürchten, die Liebe vom anderen nicht zu bekommen. Und ich denke, Trauer ist ein Bindeglied zwischen diesen beiden Paaren. Wenn mir das eine verloren geht oder verloren zu gehen droht, zum Beispiel die Beziehung zu mir selbst, dann tritt Trauer auf, die, wenn ich sie nicht annehmen kann, in Wut oder Eifersucht umschlägt. Ich denke, das hat alles etwas mit der Beziehung zu mir selbst zu tun. Auch Heilung hat etwas damit zu tun. Damit ist der Heiler jemand, der mir als Überträger oder als Engel wieder Beziehung zu mir selbst ermöglicht.*

Claes: Für mich ist Liebe ohne jede Wertung, auch Wut wird nicht bewertet. Diese Emotionen sind einfach. Wut ist nicht negativ. Sie wird negativ, wenn man sie an einen Grund fest knüpft, wenn man sagt: „Ich bin wütend, weil ...“ oder: „Du machst mich wütend.“ Dann hängt man fest darin. Ich denke, Versöhnung mit sich selber, sich selber völlig lieben und akzeptieren, ist, die eigenen Emotionen so anzunehmen, wie sie sind. Denn für mich sitzt die Wut hier in der Brust, ob sie jetzt reagiert oder nicht. Daran kann ich nichts ändern, ich müsste sonst versuchen, sie zu verdrängen oder einzusperren. Aber wie ich darüber denke, darin habe ich völlige Freiheit, und wenn ich merke, dass meine Wut reagiert oder sich aktiviert, dann kann ich denken: „Aha, meine Wut hat sich aktiviert." Sonst nichts. Man wird in dem Sinne nicht wütend. Aber wenn ich versuche, die Wut zu verdrängen, dann kommt es zu einem Kampf mit mir selbst, dann versuche ich etwas zu sein, das ich nicht bin. Ich bin nämlich nicht nur Geist, sondern auch Mensch. Und ich denke, wir sind doch immer eins mit uns selber, wir können gar nicht anders, und damit gehört für mich alles, was wir sind, zu uns. So erlebe ich das auch mit dem Heilen. Ich sehe eigentlich niemandem krank. Ich denke, dass niemand geheilt werden muss, sondern dass es mehr um ein Verschieben der Dinge geht, ein Annehmen von allen Anteilen, die man ist.

Bösch: Ich glaube, das ist ein Kardinalpunkt, den Sie angesprochen haben. Gerade bei Menschen auf dem spirituellen Weg. Ich begleite Menschen auf ihrem Weg zu lernen, nicht zu urteilen und nicht zu werten. Diese Grundversöhnung mit sich selber ist ein Kardinalpunkt. Und wenn Leute kommen und sagen: „Ich muss mehr Liebe haben, ich bin nicht mit der Liebe, mit dem Göttlichen, verbunden", können wir ihnen helfen, darauf zu schauen, wie sie bereits damit ihren jetzigen Zustand entwerten. Sie machen ihn so noch negativer und gerade dadurch entsteht eine noch stärkere Blockierung. Es ist für mich ein absolut zentraler Punkt, alle Gefühle so zu sehen, wie ich meine Lunge, meine Leber oder mein Herz sehe. Ich sage nicht, das Herz und die Lunge sind gut, oder ein anderes Organ ist schlecht oder negativ. So versuche ich, dem nahe zu kommen.

Claes: Was Sie sagen, das habe ich früher auch gedacht. Mit der Wut ging es noch, aber mit der Eifersucht ist das anders. Die Geistwesen haben mir das erzählt: Denn ich hatte gedacht, wenn ich eifersüchtig bin, dann stimme etwas mit mir nicht. Das aber bedeutet, dass ich einen Teil von mir nicht akzeptiere und über mich urteile. Wenn man die Eifersucht aber als Gefühl wahrnimmt, ist sie eigentlich auch ein angenehmes Gefühl, das die Beziehung zum Göttlichen sogar noch verstärkt, denn man hört in diesem Moment wirklich auf, über sich selber zu urteilen. Das ist auch für mich eine Messlatte. Eifersucht eignet sich sehr zu ermessen, wie man über sich selbst urteilt oder sich ein Selbstbild vom guten Menschen schafft. Die Materie hat mir gesagt, dass Eifersucht die einzige Emotion ist, die mit der Materie verbunden ist. Ich arbeite auch mit Siebzehn-, Achtzehnjährigen, die oft nicht wissen, was sie wollen, und ich frage sie, worauf sie denn eifersüchtig sind. Wenn wir Eifersucht spüren, heißt das nicht, dass etwas nicht mit uns stimmt, sondern sie ist vielleicht ein Zeichen, dass zum Beispiel Menschen, auf die wir eifersüchtig sind, etwas machen, das wir auch machen könnten, es uns aber nicht zutrauen. Die meisten Menschen sperren das sofort weg: „Nein, nein, ich bin doch nicht eifersüchtig!" Aber das sind Zeichen der Materie, die durch das Wegdrängen untergehen.

*Wie ist es mit Materie, speziell mit Gegenstän-
den, die kaputt sind? Und zweitens: Wie praktizieren
Sie das Verschieben von Schmerzen? Arbeiten Sie
auch hauptsächlich mit der Nicht-Wertung von Emotionen? Und wie ist es mit drogensüchtigen Jugendlichen? Ich habe z.B. eine Freundin, die einen zwan-
zigjährigen Jungen hat, der bei seiner Mutter wohnt,
die nicht einmal ein eigenes Wohnzimmer hat und
sich wegen der Situation obendrein auch noch schuldig fühlt und sich nicht abgrenzen kann.*

Claes: Ich habe bei Gegenständen und Geräten
bemerkt, dass sie mehr strahlen, wenn sie geliebt
werden. Einige Menschen reden mit den Geräten. Sie
können dann länger und besser funktionieren. Wenn
man etwas gegen die Geräte hat, können sie trotzig
sein. Je nachdem. Das ist sehr verschieden. Ich merke nur die Strahlung. Ich sehe das auch in Häusern.
Die gleiche Einrichtung kann bei verschiedenen
Menschen ganz anders wirken – je größer die Wert-
schätzung, desto größer ist die Strahlung. Mit allem
ist das so, auch mit dem Essen. Man sollte auch auf
den Körper hören. Gewisse Sachen strahlen uns mehr
an als andere. Es ist sehr subjektiv und individuell.
Da gibt es keine Regel.

Nun zur Mutter: Mit Gedanken hat man einen
enormen Einfluss in solchen Fällen. Anders kann sie
ihrem Sohn nicht helfen. Das ist nicht möglich. Aber
als Mutter hat sie die Möglichkeit, ihn in Gedanken
zu unterstützen und ihn mit ihrer Liebe anzustrahlen,
mit der sich die Verbindung stärkt. – Ich würde nie
sagen, dass man loslassen müsste, denn ich wüsste
nicht, was man überhaupt loslassen könnte, weil ich
ja keinen Menschen vom anderen getrennt sehe. Und

je mehr man mit jemandem verbunden ist, je mehr man unbewusst spürt, was der andere fühlt, desto mehr erhöht sich auch die Sicherheit. Ich bringe den Müttern bei, die Beziehungen zu ihren drogenabhängigen Kindern viel mehr zu verstärken – auf der mentalen Ebene, der geistigen Ebene. Dann fühlen sie sich verbunden und kommen wieder in dieses innere Vertrauen: Das wird schon gut gehen, der schafft das schon, das ist ein Prozess.

*Eine mir bekannte Pianistin,* Hélène Grimaud, *ist synästhetisch begabt. Wenn sie ein Adagio aus einem Mozart-Klavierkonzert spielt, klingt das wie ein Bombenangriff auf Dresden. Die darin liegende Authentizität wird vom Publikum als etwas Außergewöhnliches wahrgenommen. Mittlerweile gibt es auch Kritiker, die diese Hellsichtigkeit als nicht zur Kunst gehörig verurteilen. Darf sie nun, um weiter geachtet zu werden, praktisch als krank verkauft werden? Dies ist ja auch bei Heilern der Fall, deren Kunst als nicht comme-il-faut angesehen wird. Dürfen Grenzbegabungen heute gelebt werden?*

Claes: Für mich ist sie nicht krank. Sie ist einfach so, wie sie ist. Sie hat sich diese Fähigkeit ausgewählt, um ihre jeweiligen Erfahrungen machen zu können. Für mich ist negative Kritik auch nicht unbedingt nur negativ. Natürlich, die Menschen, die das nicht sehen können, kritisieren sie, aber sie brauchen ja auch jemanden, um kritisieren zu können. Und für ihr Weltbild stimmt die Kritik, die sie geben. Für mich gibt es da nicht eine Wahrheit. Weil die Welt und die Materie gedankengesteuert sind, kann sich jeder Mensch die Wahrheit erschaffen, an die er glaubt, und so viele es Menschen gibt, so viele Wahrheiten gibt es. Für mich sind Positiv-Denken und Negativ-Denken genau gleich. Das spielt keine Rolle für mich. Ich würde es so nehmen, wie es ist. Ich sehe darin kein Dilemma und auch keine Begrenzung.

Jetzt ist es an der Zeit zu wissen, dass
alles, was du tust, heilig ist.

Hafis

# Tor der verborgenen Liebe – Heilen als Weg

*Nura Loeks*

Ich habe aufgegeben zu versuchen, die Liebe zu verstehen. Gott sei Dank haben mir meine Lehrer später erklärt, dass es nicht wirklich möglich ist, sie zu verstehen. Aber sie ist eigentlich etwas, wovon wir irgendwo in uns wissen, was wir aber nicht erklären können. Wir alle werden in Liebe geboren. Sie sind in Liebe geboren. Ich wurde in Liebe geboren. Wir können keinem Kind begegnen, das nicht einen Teil der Erinnerung daran in uns wachruft. Sie ist in seinen Augen, sie ist in seinem Lächeln, sie ist in seiner Fähigkeit zu spielen, und in der Fähigkeit, sich von Moment zu Moment zu bewegen, und das, was gerade passiert ist, hinter sich zu lassen.

Irgendwo im Prozess des Erwachsenwerdens – oder vielleicht ist es auch nicht Erwachsenwerden, sondern einfach der Prozess des Vergessens – senkt sich ein Schleier. Und wir haben immer größere Schwierigkeiten, mit der Liebe in Kontakt zu kommen. Für einige von Ihnen ist es leichter, weil Sie vielleicht weniger „verschleiert" sind. Aber viele von uns fühlen sich ab einem bestimmten Punkt ein bisschen verloren. Vielleicht hatten wir eine Kindheit, in der einiges schief lief. Oder einen Körper, der uns manchmal nicht gut trug. Verluste, die untragbar erschienen. Zerrissene Leben und Ehen. Und so fallen die Schleier, einer nach dem anderen.

Dann mischt sich unser Verstand ein. Wir versuchen herauszufinden, was passiert ist. Wir machen eine Therapie – und ich bin eine Therapeutin; ich kenne beide Seiten. Wir lesen Bücher. Wir beginnen Fragen zu stellen: Wie können wir uns der Liebe öffnen? Es ist, als wenn wir wie ein vertrocknetes Stück Fleisch verschrumpelt sind. Wir suchen nach dem Wasser. Das Problem ist, dass unser Verstand die Antwort nicht finden kann. Außerdem suchen wir etwas, das wir ohnehin schon wissen. Wie können wir uns neu entdecken und öffnen? Was ist das Geheimnis?

Das Geheimnis ist nicht sehr kompliziert. Das Geheimnis der Liebe verlangt von uns, dass wir uns an uns selbst in unserem Anfang erinnern. Solange ein Kind lebt, solange Kinder geboren werden, solange Vögel, Tiere, Blumen und Bäume geboren werden, solange es einen Frühling gibt, einen Sommer, einen Herbst und einen Winter, solange es Regen und Schnee gibt – solange es etwas gibt, das mit der Natur zu tun hat, es etwas gibt, das mit dem Leben selbst zu tun hat, solange können wir uns an die Liebe erinnern. Wenn ich Sie bitte, die Hand auf das Herz zu legen, und Sie sich an die Beschaffenheit und das Gefühl Ihrer Haut erinnern. Wenn Sie sich an die Wärme der Sonne auf Ihrer Haut vor einer halben Stunde erinnern. Dann wird sich die Liebe in Ihnen öffnen. Es verlangt von uns, dass wir uns erinnern.

Und das ist eigentlich gar nicht so schwer. Es ist überhaupt nicht schwer. Wir leiden darunter, dass wir glauben, unsere Probleme lösen zu müssen. Wir glauben, bevor wir nicht alle Antworten auf unsere Geschichte haben, können wir uns nicht an die Liebe erinnern. Wir beginnen zu arbeiten und graben uns durch die verschiedenen Stufen unseres Bewusstseins durch. Aber es ist genau das Gegenteil. Es ist eigentlich die Liebe selbst, die die Vergangenheit hinter sich lässt. Es ist die Bereitschaft zum Loslassen, die das Gefühl der Liebe wieder freisetzt.

Wie fühlt es sich an, so im Raum zu sitzen? Wir haben ihn ein bisschen verändert. Warum, glauben Sie, haben wir ihn verändert? Warum haben wir das gemacht? Hat jemand eine Idee? Dass wir uns gegenseitig sehen können? Ja, ich wollte, dass Sie sich anschauen. Was noch? Wir wollten die Barrieren zwischen uns auflösen. Wir haben also ermöglicht, dass wir uns gegenseitig anschauen. Was haben wir noch gemacht? Ja, wir haben das Fenster geöffnet. Was passiert, wenn wir das Fenster öffnen? Wir haben Luft, wir schauen uns an, wir haben die Trennung zwischen mir und Ihnen aufgehoben. Was ist noch passiert? Es ist ein offener Raum entstanden, richtig. Und was war die Bewegung, die Sie mit Ihren Händen gemacht haben? Sie haben einen Kreis beschrieben. Er ist auf einer Seite ein bisschen abgeflacht, aber schließlich dachte man auch lange Zeit, dass die Erde eine Scheibe sei. Wir müssen auch unsere Ahnen ehren.

Und was noch passiert ist: Ich bin auch ein Teil des Kreises geworden. Denn das ist wirklich die Wahrheit. Immer wenn wir vor jemanden stehen, dann sind wir auch Teil voneinander. Aber in unserem Leben und speziell auch durch die Schule sind wir so konditioniert: Einer ist hier und der andere dort draußen. Aber das Geheimnis ist, dass Sie hier die eigentlichen Lehrer sind. Denn wenn ich aufmerksam bin, was ich hoffe, so sind es wirklich Ihre Herzen, die diesen Vortrag halten. Es gibt also mehrere Prinzipen hier. Damit die Liebe geschehen kann, darf keine Trennung sein. Eines der schmerzlichsten Dinge, das wir alle schon einmal erfahren haben, ist, wenn sich jemand von uns trennt. Aus der Liebe geht.

Liebe sollte konstant ist. Ist sie das nicht, so ist das Gefühl, wenn sie schwankt oder plötzlich weggenommen wird, nicht angenehm. Es macht unsere Welt zu einem schaukelnden Boot. Aber obwohl die Liebe konstant sein sollte, ist uns beigebracht worden, vielleicht schon seit tausenden von Jahren, die Grenzen mit Liebe zu setzen. Aber die Grenze muss von etwas anderem gesetzt werden. Denn Liebe ist konstant. Die Grenzen werden gesetzt durch das, was es möglich macht, mit einander zu leben. Ein gesundes Leben, ein Leben, in dem man seinen Brüdern und Schwestern begegnen kann, ein Leben, das uns darauf vorbereitet, unsere Existenz zu bestreiten. Und bei all dem ist die Liebe konstant.

Das erste, was wir also in uns zu überprüfen haben, ist, ob wir bereit sind, etwas in uns wachsen zu lassen, indem man über die Liebe nicht mehr verhandeln muss. Ich sage den Menschen, die zu mir kommen, immer wieder, dass es nichts gibt, was sie tun könnten, um meine Position der Liebe zu verändern. An dieser Stelle bin ich ganz klar. Ich habe meine Intelligenz, mein Gefühl und meinen Körper in Liebe gesammelt und auf sie ausgerichtet. Manche Lehrer würden das die „Rückkehr" nennen. Es gibt einen bestimmten Punkt im Leben – vielleicht offenbart sich dieser Punkt an einer Winzigkeit, nicht an etwas Großem –, an dem wir uns wie der verlorene Sohn entscheiden, uns wieder der Liebe zuzuwenden. Sie alle kennen die Geschichte vom verlorenen Sohn – wir können auch von der verlorenen Tochter sprechen, warum nicht? Der/die verlorene Sohn/Tochter zieht mit einem großen Erbe hinaus. Was passiert? Diese Person gibt alles aus! Nichts mehr ist übrig! Sie ist völlig am Ende: emotional und physisch erschöpft, hungernd. Und inmitten all dessen – ist ein bisschen Energie übrig. Ein winziges bisschen Energie. Und die Tochter oder der Sohn kehren zu ihrem Vater zurück. Diese Geschichte ist die Geschichte eines jeden von uns. Denn der Vater hat große Arme. Und das Geschwisterkind denkt sich: „Hm, wie kann er so sein? Wie kann er das Kind zurücknehmen, während ich immer so brav war? Es ist die Geschichte der Möglichkeiten eines jeden. Es spielt keine Rolle, ob wir das gute oder das schlechte Kind waren, es spielt keine Rolle, wie krank oder verrückt wir waren, es spielt keine Rolle, wie gestört unsere Kindheit war. Wir können immer heimgehen. Ich weiß nicht, ob Sie alle diese Entscheidung getroffen haben. Aber Sie können sie treffen. Denn mit der Entscheidung kommt auch eine Energie. Es ist eine Möglichkeit. Alles was Sie brauchen, steht zur Verfügung. Denn wenn Sie sich an die Geschichte erinnern, wird der Tisch gedeckt und Süßigkeiten werden gebracht. Alles, was das Kind braucht, ist da. Wegen der Rückkehr.

Ich möchte, dass Sie für eine Minute die Augen schließen, und gebe Ihnen die Gelegenheit, sich ein bisschen auszuruhen, weil Sie hier einen zweisprachigen Vortrag hören. Und ich möchte, dass Sie nachspüren, ob Sie diese Entscheidung getroffen haben. Ob Sie die Wahl getroffen haben, zur Liebe zurückzukehren. Und wenn Sie die Wahl schon getroffen haben – so wie ein Ehepaar, dass schon sehr lange verheiratet ist –, so können Sie Ihr Versprechen mit Ihrem Geliebten erneuern. Erneuern Sie Ihr Versprechen, sich selbst der Liebe hinzugeben – dem Geliebten und der Geliebten. Du und dein geliebter Gott. Wie auch immer Sie diesen Gott nennen: Natur, Allah, Elohin, Jahwe, das Dao, Bewusstsein, Hashem, Krishna. Wie auch immer Sie diesen Geliebten nennen. Ich lade Sie ein, zum Geliebten zurückzukehren, so wie das Kind zum Vater zurückkehrt, und sich selbst der Liebe hinzugeben.

Oh, das ist schön. (Eine Flötenmelodie ertönt.) Wer kennt die Geschichte mit der Flöte? Es ist eine schöne jüdische Geschichte – eine Geschichte über die Zeit zwischen Neujahr und Jom Kippur. Ich weiß nicht, wie viele hier über diese spezielle Zeit wissen. Es ist die Zeit, wenn die Menschen vor ihrem Geliebten stehen und die Reise der Versöhnung und der Vergebung antreten. Man nennt es „Die zehn Tage der Ehrfurcht". Die Geschichte handelt von einer Synagoge – von einer sehr armen Synagoge. Die Zeit der Veränderung, die Zeit der Ehrfurcht geht dann zu Ende, wenn ein rechtschaffenen Mann oder eine rechtschaffene Frau zum Gebet in die Synagoge kommt. Die Gemeinde hatte sich also versammelt – die Zeit verstrich – und immer mehr Menschen kamen – und sie beteten und beteten – und beteten und beteten – die Zeit verstrich – es wurde später und später – und die Menschen dachten: Mein Gott, wann hört das endlich auf? Denn sie hatten seit 24 Stunden gefastet! Und hatten Hunger. Der Rabbi betete und betete. Bald schon war es Mitternacht – jetzt fasteten sie schon fast 36 Stunden. Und noch immer fand der Rabbi kein Ende. Er sagte, es sei noch keine rechtschaffene Person gekommen. Schlussendlich begann ein kleiner Junge am anderen Ende des Raumes auf seiner Flöte zu spielen. Und der Rabbi sagte: Jetzt ist es passiert! Endlich! Jemand hat die Tore des Himmels geöffnet. Es war die Unschuld des Kindes. Und genau darüber sprechen wir.

Was wir lernen müssen, ist, nichts in unser Herz zu lassen außer die Liebe. Dieser Platz gehört nur der Liebe. Wir lassen zu viel anderes in unser Herz: Wir stopfen Angst hinein, manchmal auch Hass, Ärger, Urteile, Traurigkeit ... Es ist wie ein großer Sack, in den wir ständig Sachen hineinstopfen. Z.B. auch Vorurteile und alte Geschichten. Wir tragen auch Menschen im Herzen. Und Süchte, Zweifel, Geld, Vorurteile, Träume, Neid, Misstrauen, Freude. Das Herz ist wie ein großer Sack.

Das Eigenartige ist – das alles muss raus. Das Herz sollte eigentlich leer sein – für die Liebe. Denn das Herz wurde als Tür erschaffen. Eine geheime Tür – so wie der geheime Garten. Eine winzig kleine Tür – die Tür zum Himmelreich.

Wenn es also von anderen Dingen vollgestopft ist, wie soll man dann diese Tür finden? Sie werden über alles Mögliche stolpern. Ich habe nicht gesagt, dass Sie all diese anderen Dinge nicht haben können, denn sie sind alle ein Teil von uns. Es ist eher die Frage, wo Sie sie hinstecken. Das Herz ist jedenfalls nicht der Ort, wo sie hingehören – denn das Herz hat eine spezielle Aufgabe. Tatsächlich können wir all die anderen Dinge in unserem Bewusstsein bewegen.

Wie der Wind, der zum Fenster hereinweht. Er bewegt sich durch uns und um uns und aus uns heraus. Die Erinnerungen sind Teil unseres Bewusstseins. Unsere Gefühle sind Teil unseres Bewusstseins. Aber sie gehören einfach nicht ins Herz.

Also, wenn dieser Platz etwas Besonderes ist – nur für dich und deinen Geliebten – und ich meine damit den Schöpfer oder die Schöpfung –, dann wird es ein Instrument der Antwort. Es hat diese großen Elefantenohren und -augen. Was hat Jesus gesagt? „Wer Ohren hat zu hören und Augen hat zu sehen ..." Das passiert, wenn das Herz leer ist – es kann hören und es kann sehen. Und es kann auf den Ruf antworten. Was könnte das für ein Ruf sein? Der Ruf könnte das Wissen sein, wie man Liebe geben und wie man sie nehmen soll. Von Moment zu Moment. Und Sie können ganz praktisch überprüfen, ob dieses Instrument des Liebe-Gebens und Liebe-Empfangens mit vielen anderen Dingen verstopft ist. Wenn es so ist, wie kann das Herz dann den Ruf noch hören? Und wie soll es sehen können?

Ich werde Ihnen jetzt auf nicht-lineare Weise eine kleine Erfahrung über den Ruf geben. Ich versuche dabei, pragmatisch mit dem Thema „Zeit" zu sein. Können Sie sich alle sehen? Vielleicht verrücken Sie die Stühle ein wenig. Dies ist ein amerikanisch-indianischer Gesang. Es geht hier wirklich um den Ruf – und es geht um das Lehren des Rufes. Und der Gesang selbst leert unser Herz. Es ist vollkommen nicht-linear. Es geht um Wölfe und Wölfinnen. Die Wölfe rufen sich weit über die Prärie – und sie rufen nach ihrem Geliebten. Und Sie wissen, wie der

Trommelschlag der Indianer geht – es ist der Rhythmus Ihres Herzens. Diese Seite des Auditoriums singt den einen Teil des Liedes und die andere Seite singt den anderen. Und es geht so ... Wir singen es zuerst alle zusammen und dann teilen wir es auf. Wow wow wow wow wow ...

Jetzt bewegen Sie Ihre Füße. Vielleicht mögen einige von Ihnen aufstehen. Der Indianer verbindet sich über die Füße mit der Erde, während sein Herz fliegt. Es ist ganz einfach – es ist ein leichtes vor- und zurückwiegen. Und du hebst deinen Fuß auf und du lässt ihn wieder die Erde berühren. Legen Sie Ihre Hände aufs Herz. Und Sie können die Ahnen beim Trommeln hören ... Wow, wow, wow ...

Übrigens lade ich Sie ein, die Indianer zu besuchen. Ich lebe im Indianer-Land. Es ist eine ernst gemeinte Einladung. Die Kultur in New Mexico ist noch lebendig. Was an sich ein Wunder ist. Die Menschen sprechen noch ihre Sprache. Die Schulen beziehen sich auf die Pueblos, so dass sie ihre Kultur nicht verlieren. Bei uns leben die Pueblo-Indianer. Sie haben eine fünftausend Jahre alte Kultur.

Wissen Sie, was vorhin mit der Flötenmelodie passiert ist? Wir haben herausgefunden, dass die Flöte der Klingelton eines Handys war. Ich höre nicht so gut. Es hätte auch ein Kind draußen sein können. Aber – Gott sei Dank – hat sich jemand nicht an die Regeln gehalten. Sonst hätte ich meine Lieblings-Jom-Kippur-Geschichte nicht erzählen können.

Ich spreche also über die Qualität der Liebe, die mit der Fähigkeit zu tun hat, glücklich zu sein. Glück sieht nicht notwendigerweise so aus, wie man denkt, dass es aussehen sollte.

Es ist eine Geschichte, die vielleicht einige von Ihnen schon kennen. Aber ich liebe sie so sehr, dass ich kaum widerstehen kann, sie noch einmal zu erzählen. Es ist eine wahre Geschichte. Es gibt einen Mönch, der noch heute in Thailand lebt. Bevor dieser Mensch Mönch wurde, bekam er die tödliche Diagnose eines Lymphoms, nach der er noch sechs Monate zu leben hatte. Er entschied sich, alles aufzugeben, alles zu verkaufen und Mönch zu werden. Er ging in den nördlichsten Teil Thailands, nahe Kambodscha und Laos. Diese Gegend heißt „das goldene Dreieck" – und man kann ihn dort finden. Die Geschichte geschah vor fünfundzwanzig Jahren. Seine terminale Diagnose ist bis jetzt also noch nicht terminal. Heute ist er wirklich ein alter Mann. Er könnte um die achtzig sein. Seine Geschichte ist die Geschichte von jemandem, der seinem Herzen folgte. So hat er das Gewand der Entsagung angezogen – und ich sage nicht, dass hier jemand das Gewand der Entsagung anziehen soll. Das hier ist seine Geschichte – nicht Ihre Geschichte. Er gründete ein kleines Kloster mit elf Mönchen. Und über die Jahre begannen die Menschen der Umgebung, Tiere beim Kloster zurückzulassen. Zuerst haben sie Rehe dort gelassen.

Ich muss ein bisschen weiter ausholen, denn ich habe etwas vergessen: In Kambodscha und in Thailand essen die Leute alles, was krabbelt. Wenn Sie dort noch wilde Tiere, einschließlich Spinnen, zu sehen bekommen, ist das ein großes Glück. Es gibt dort eine sehr große Spinne, die in Nord-Kambodscha eine Delikatesse ist. Aber es gab in dieser Gegend auch ein paar gewaltlose Buddhisten, die die Tiere ins Kloster brachten, um deren Leben zu retten. Was geschah weiter? Sie begannen Tiger zu bringen. Einen Tiger, zwei Tiger, drei Tiger und ziemlich bald hatten sie fünfzehn Tiger. Das war schon ein ungewöhnliches Kloster. Normalerweise leben Tiger an bestimmten Plätzen und Mönche leben an anderen Plätzen. Aber nicht in diesem Kloster. Hier lebten Tiger und Mönche zusammen. Sie gingen mit den Tigern wie mit Hunden spazieren. Sie kämmten die Tiger, wie sie ihre Kinder gekämmt hätten. Und wenn die elf Mönche sich mit ihren Schüsseln in einer Reihe aufgestellten, hielt jeder eine zweite Schüssel für einen Tiger hin. Das ist doppelter Dienst. Und die Mönche sind Vegetarier, aber die Tiger nicht! Gewöhnlich bereiten die Mönche ihr Essen so zu, dass sie alles, was wie Fleisch aussieht, herausfischen. Und das war schon ein Problem, weil sie nun um Fleisch bettelten, obwohl sie Vegetarier waren. Die Mönche aßen also auf der einen Seite und auf der anderen fraßen die Tiger. Gleich daneben. Der Mönch wurde gefragt: „Wie könnt ihr mit all diesen Tigern leben?" Und er antwortete: „Tiger-Blut – Mönch-Blut, selbes Blut. Tiger-Blut – Mönch-Blut, selbes Blut. Liebe." Also sie lebten mit diesen Tigern in Liebe. Das heißt, dass auch ich mit meinem Tiger in Liebe leben kann. Mit all meinen Tigern. Meinen persönlichen Tigern.

Die Geschichte ist noch nicht zu Ende. Es passierte noch etwas Nettes am Schluss. Es kamen Ökologen aus Amerika, um die Tiger zu besuchen – und die Mönche. Und sie fragten: „Warum renaturiert ihr diese Tiger nicht, dass sie wieder zurück in den Dschungel können? Wir haben hier ein Arterhaltungsproblem. Wir finden es nicht gut, dass ihr die

Tiger im Kloster habt." Und der Mönch sagte: „Tiger glücklich. Tiger sehr glücklich. Arterhaltung ist glücklicher Tiger. Tiger und Mönch lieben sich."

Ich möchte wissen, ob einer einen glücklichen Tiger hat?

Das ist eine ganz tiefe Geschichte. Ich war so in den Mönch verliebt – ich konnte es nicht glauben. Es gibt eine Moral in der Geschichte, nicht war? Die Dinge können so unterschiedlich sein. Dinge, die nahezu unvereinbar scheinen, können doch einen Weg finden, nebeneinander zu existieren – in der Liebe. Und auch die Vorstellung, wie jemand sein Leben leben soll, um glücklich zu sein, macht uns nicht unbedingt glücklich. Sie müssen sich also mit sich selbst in Einklang bringen, um auch ein glücklicher Tiger sein zu können. Von jetzt an werde ich Sie fragen: Sind Sie ein glücklicher Tiger, oder sind Sie ein unglücklicher Tiger? Es lohnt sich, über diese Geschichte nachzudenken, darüber, wie sie auf uns passt.

Ich verspreche Ihnen, am Ende wird alles einen Sinn ergeben – ich verwebe die Dinge hier, eines nach dem anderen. Denn das Herz hat seine Art, die Dinge zu verweben – anders als der Verstand. Jeder von uns wurde auf eine ganz besondere Weise erschaffen. Und niemand weiß, wie sein kleiner Tiger leben soll. Unter anderem öffnet sich die Liebe, wenn wir uns selbst Raum und Freiheit geben, das Umfeld zu entdecken, welches uns am meisten Frieden und Freude gibt. Bei den Sufis würde man von *rachman* und *rachim* sprechen: von Gnade und Mitgefühl. Das ist der Ort, an dem der Regen fällt. Ja. Das Wasser ist der Garten deines Herzens. Es geht darum, sich selbst zu wählen. Und zu wählen, sich selbst zu lieben. Und wenn wir das Herz befreien, dann wird es leichter, uns selbst zu wählen.

Ich möchte ein Spiel mit Ihnen spielen. Diese Dinge mögen ein bisschen lächerlich wirken. Aber es gibt eine gute, alte, solide, wissenschaftlich fundierte Tradition, die auf der Tradition der Indianer gründet. Die Menschen bekommen dort verschiedene Namen. Zuerst wird der Geburtsname gegeben – sozusagen der „Milchname". Als nächstes bekommt man einen Namen, der sich auf eine Begebenheit im Leben bezieht. Deshalb gibt es solche sonderbaren Namen wie Sitting Bull, „Sitzender Stier". Also entweder saß ein Stier auf ihm, oder er saß auf einem Stier. Oder „Gebrochener Pfeil". Möglicherweise hat jemand einen Pfeil abgeschossen, und er zerbrach, bevor er sein Ziel erreichte. Die Indianer haben eine natürliche Art, eine Schnittstelle zwischen dem Leben und der Natur zu finden. Ohne Wertung! Mein momentaner Name lautet „20-Kilo-Übergewicht-Frau". Und jemand anders könnte mich sicher auch „Dicke Mutter" nennen. Aber das ist jetzt mein Name – und er beschreibt sehr genau, wo ich in Bezug zu meinem Körper stehe. Das geschieht ohne Wertung. Es ist nur eine Beschreibung.

Vielleicht kennen einige von Ihnen die Geschichte der Indianer-Heiligen *Sacagawea.* Sie war die Indianerin, die mit Lewis und Clark eine Reise quer durch Amerika antrat, die auf keiner Karte verzeichnet ist. Mit einem Baby. Sie war eine junge Frau. Und während dieser Reise hatte sie verschiedene Namen. Der Name, mit dem sie starb, war Vogel-

Frau. Das bedeutet der Name *Sacagawea*. Er beschreibt die Reise, die sie durch Amerika machte. Das ist tiefe Medizin. Und ich meine Medizin, die nicht an der Oberfläche ist, sondern Medizin, die tatsächlich heilt. Es gibt ein Geheimnis: im Moment in sich selbst ruhen – in der Liebe. Mit leerem Herzen, das vollkommen von Liebe erfüllt überströmt. Fähig sein, seinen momentanen Namen zu rufen. Mir wurden so viele Namen gegeben – ich habe Nura gewählt, weil er nur 4 Buchstaben hat. Jeder Lehrer scheint mir einen Namen geben zu wollen. Mein Lieblingsname ist der, den mir *Mutter Hilda* gegeben hat. Er lautet „Das-größte-Chaos-das-ich-jemals-gesehen-habe". So hat sie mich genannt. Und ich habe diesen Namen geliebt. Weil er genau meinen Zustand beschrieb, in dem ich war, als ich sie traf. Alle anderen Namen betrafen eine ferne Zukunft. Als ich vor 40 Jahren bei ihr ankam, war ich einfach nicht in einem Stück. Ich habe mich durch diesen Namen so geliebt gefühlt. Denn als sie mich so nannte, war da so viel Liebe.

Ich möchte, dass Sie sich einen Moment mit sich selbst und mit jemand Zweitem beschäftigen. Und ich möchte, dass Sie sich Ihren heutigen Namen geben, der unmittelbar einen Teil Ihrer jetzigen Existenz beschreibt. Ohne Wertung. Vom Ort der Liebe aus, den wir vorhin geöffnet haben.

Ich möchte Ihnen etwas über meinen Namen erzählen. Ich weiß nicht genau, ob es genau 20 Kilo sind. Seit ich mich vor drei Jahren auf die Reise begeben habe – ich bin viel im Fernen Osten –, bekomme ich meistens Reis zu essen, weil ich bei den Ärmsten der Armen bin; denn das ist alles, was sie haben. Und es ist wahrscheinlich das Einzige, das ich nicht essen sollte. Am Anfang dachte ich mir: Oh mein Gott, was passiert mit mir? Dann habe ich erkannt, dass es perfekt ist, weil in den indischen Dörfern alle Kinder gleichzeitig auf mich zu klettern versuchen. Sie versuchen, eine Orange oder einen Kuss zu bekommen, oder einfach nur irgendetwas. Und wenn ich dieses Gewicht nicht hätte, wäre ich platt wie ein Pfannkuchen. Ich bin so dankbar, Big Mama zu sein. Ich würde das sonst nicht schaffen, glaube ich. Weil sie so begeistert sind. Wenn Sie nichts zu essen bekämen und jemand hätte eine Orange oder etwas anderes zu essen, was würden Sie tun? Sie würden natürlich drängeln. Ich möchte, dass Sie ein bisschen mit diesem Gedanken spielen. Wir machen jetzt eine zehnminütige Pause, in der Sie Ihren Namen finden können. Nach der Pause machen wir etwas damit – und ich erzähle Ihnen etwas über das Heilen und wie Sie mit der Liebe arbeiten können. Aber zuerst finden Sie Ihren Namen. Es liegt ein kleines Geheimnis darin. Wenn er zu ausgefallen wird, werde ich ein Wörtchen mit Ihnen reden. Denn die Indianer sind nicht sehr ausgefallen, z.B. „Narbengesichtiger Häuptling", – und sie lieben ihre Namen.

\*

Ich möchte ein paar Namen hören! Diejenigen, die ihren Namen sagen, möchten bitte aufstehen.

„Der-Erschöpfte-Liebende" – Häuptling-Erschöpfter-Liebender; „Pellkartoffel" – Prinzessin-Gepellte-Kartoffel; „Reisender Tiger" – Prinzessin-Reisender-Tiger; „Schneeblume" – Häuptling-Schneeblume; „Ich-bin-mir-unbekannt" – Häuptling-Ich-bin-mir-unbekannt; „Geduldiges-Warten" – Prinzessin-Geduldiges-Warten; „Stilles-Wasser" – Prinzessin-Stilles-Wasser; „Warze" – Prinzessin-Warze. Oh, das ist schön! Sehr würdevoll. Noch jemand? „Hungrig-nach-der-Sonne" – Prinzessin-Hungrig-nach-der-Sonne; „Weißer-Bär" – Prinzessin-Weißer-Bär; „Sonne-die-sich-im-Wasser-spiegelt" – Häuptling-Sonne-die-sich-im-Wasser-spiegelt; „Sonnenschwalbe" – Bist Du verheiratet? Prinzessin-Sonnenschwalbe. So klingen die Namen, wenn man für eine Hochzeit bereit ist. – Die Glocken läuten! Ist das jetzt eine Hochzeit oder das Sechs-Uhr-Läuten? Sechs Uhr – meine Uhr ist stehen geblieben.

Hat jemand keinen Namen gefunden? Jeder hat einen Namen gefunden. Gut. Lassen Sie mich noch Ihren hören. „Blumenkind" – Aha, Prinzessin-Blumenkind. „Ausgezutzelter-Busen" – Leere Brust. So heißt es Leere-Brust-Frau. Das könnte ein echter indianischer Name sein. Eine Frau, die ihr Kind zu lange gestillt hat. Sie hätte „Leere-Brust-Frau" heißen können. Und es wäre keine Beleidigung gewesen.

Wir gehen zum Herzen zurück. Das Herz ist ein Platz für die Liebe, wie ich sagte. Der Grund, es für die Liebe zu leeren, ist, den Ruf zu hören und wahrzunehmen. Was wir schließlich sehen, ist das, was das Göttliche uns zeigen will. Was wir hören, ist das, was das Göttliche will, dass wir es hören. Uns ist immer und immer wieder gesagt worden – auch von den ganz großen Lehrern wie von Jesus Christus, der sagte: „Bevor wir nicht wie die Kinder werden, kommen wir nicht ins Himmelreich." Das Eintreten in das Himmelreich meint nicht, dass wir unseren Körper verlassen müssen. Wir können in jedem Moment unseres Lebens ins Himmelreich eintreten. Egal, ob in unserer alltäglichen Existenz oder in den interdimensionalen Räumen. Der Schlüssel dazu ist das Kind. Auch Bescheidenheit ist ein Schlüssel. Die Bescheidenen sollen die Erde erben. Sanftmut. Sanftmut ist etwas Einfaches, ist etwas, das leer ist. So wie das leere Herz, das nur für die Liebe bestimmt ist. Jesus benutzt dafür das Bild des Lammes. Und manchmal wird er auch als Lamm dargestellt.

Ich möchte jetzt zum Herzen zurückkehren, das voller Liebe ist, das gewendet ist. Das Herz mit den Augen und den Ohren eines Elefanten. Dazu muss der Mensch bei sich sein. Er ist dann jemand, der ganz einfach *ist*. Jemand, der keine hochtrabenden Ideen hat. Jemand, der keine wichtige Position hat. Man muss ganz bei sich sein, um zu hören und wahrzunehmen, was das Herz empfängt, wenn die Trommel vom Göttlichen geschlagen wird – durch das Herz, durch die Liebe. Das ist die erste Antwort. Und dann gibt es das Echo. Das Echo muss von dem Teil in uns gehört werden, der ganz einfach ist. Ein Teil in uns, der einfach lauschen kann, ohne Ego. Der Teil von uns, der sich für die Liebe einsetzt. Wenn wir einfach nur so sind, wie wir sind. Einfach. „Erschöpfter Liebender", „Gepellte Kartoffel", „20 Kilo Übergewicht", nur die einfache Realität unserer Existenz. Ungeschmückt können wir die Trommel hören, wenn sie geschlagen wird. Wir stellen nichts zwischen uns und die Liebe. Und nichts zwischen uns und die Antwort. Das Göttliche betritt das Herz – die Welt der Liebe – und sendet eine Botschaft aus, die von Liebe getragen ist. Einfach – eine Frau, die wie eine Kartoffel geschält wurde, kann den Schlag hören. Tief, tief, tief in der Stille der Liebe.

Wie vielleicht einige von Ihnen in der Meditation erfahren haben, beginnt sich dieser Schlag, dieses Wort des göttlichen Geliebten, in die Liebe unseres Herzens zu erheben. Weil wir ganz einfach sind, ohne eine Position zu haben, weil wir einfach Frauen ohne Schalen sind, ist es uns möglich, Liebe zu geben und zu empfangen – in aller Menschlichkeit. Das gilt für uns alle. Wir haben die Fähigkeit, das weiterzugeben, wie es uns gelehrt wurde.

Das heißt nicht, dass uns nicht all das, was sich in unserem Lebenskoffer befindet, auch zur Verfügung stünde. Wir haben unsere Bildung, wir haben unsere Lebenserfahrung. Wir haben alles, was wir jemals gewusst und erfahren haben – denn für uns ist unsere Geschichte etwas sehr Wichtiges. Sie liegt hinter uns. Sie ist der Boden auf dem wir stehen. Das sind unsere Wurzeln. Wenn die Botschaft aus der Tiefe der Stille kommt und der einfache Mann, die einfache Frau, das einfache Kind sie empfängt, dann ist das in sich eine Botschaft: Ah, greif in deinen Koffer und benutze das hier! Die meisten von uns machen genau das Gegenteil. Wir betreten den Raum des Lebens mit vielen Koffern. Unsere Erfahrungen sind ganz vorne und blockieren unsere Fähigkeit, die Botschaft des Herzens zu hören. Das ist so, als ob Jesus als Heiler mit einem Arztköfferchen unterwegs gewesen wäre. Das war aber nicht der Fall, oder? Aber wenn er ein Arzt gewesen wäre, hätte er zugehört und wäre aufmerksam gewesen; er hätte auf verschiedene Art und Weise einen Kontakt hergestellt.

Nachdem die Liebe übertragen wurde, hätte er seine Medizin gegeben. Sein Arztkoffer war ein bisschen anders als der, den die Ärzte hier haben. Sein Medizinkoffer waren seine Geschichten. Er war ein großer Geschichtenerzähler. Und jede seiner Geschichten barg ihre eigene Medizin in sich. Ich sage den Menschen immer, wenn ihr wirklich seine Medizin verstehen wollt, lest seine Geschichten immer und immer wieder. Das ist Komplementär-Medizin. Jeder muss lernen, wie er das beim Heilen einsetzen kann. Wie man zuhört, wie man sieht und wie man den Kontakt herstellt. Wie man einfach bleibt, wie man das Herz für die Liebe bereithält. Und wie man sich gleichzeitig durch die Liebe nährt.

Der Trick, viel Energie zu bekommen ist meistens – nicht immer –, die Liebe fließen zu lassen. Ich kenne *Mutter Amaji* schon fast zwanzig Jahre. Als sie das erste Mal nach Santa Fee kam, waren wir zehn, die von ihr verwöhnt und verhätschelt wurden. Sie verfügt über diese unerschöpfliche Energie. Vor zwanzig Jahren hatte ich gerade eine Identitätskrise, ich dachte, ich könnte versuchen, wie *Mutter Amaji* zu werden. Ich habe die Übung der Einfachheit nicht praktiziert, mein Name war nicht *Amaji*; mein Name damals war „Mutter-von-drei-Krabbelkindern". Sie waren jeweils nur ein Jahr auseinander. Ich unterrichte – was auch immer das heißen mag – seit vierzig Jahren. Ich sah fast tausend Menschen in einer Woche und war am Ende. Ich war ein Wrack – und sie hatte zwanzig Millionen umarmt. Tatsache ist, dass sie sie selbst war. Ihr Name ist das, was sie ist. Die Energie, die gebraucht wird, kommt mit dem Namen, oder der Name kommt mit der Energie.

Wenn wir mit der Selbstliebe und der Erdhaftigkeit unserer eigenen einfachen Existenz in Verbindung kommen, steht uns eine Quelle von Energie zur Verfügung. Viele der Krankheiten und Erschöpfungszustände, die wir haben, sind nur Beispiele dafür, dass wir von unserer Quelle abgeschnitten sind. Immer wenn ich das Privileg hatte, einem Wunder beizuwohnen, ist es das, dass die Menschen einfach nur sie selbst waren und nichts anderes. Sie kehrten um und wurden zum Sohn oder zur Tochter ihres eigenen Moments. Das heißt, dass du dich selbst gebierst – so wie du bist, nicht so wie du meinst werden zu sollen, nicht wie du warst, sondern so wie du bist. Das Geheimnis in diesem Namen, dieses kleine Geheimnis, so lächerlich es auch sein mag, ist, dass du die Tochter oder der Sohn deines eigenen Moments wirst. Du beschäftigst dich mit dir selbst in der Realität deiner Existenz. Und überhaupt: Sei einfach Du selbst.

Vergessen Sie diese komplizierte Sprache. Ich wiederhole mich jetzt: Wenn Sie in diesen Moment kommen, erlaubt das wirklich allen Ihren Anteilen, sich im Hier und Jetzt auszurichten. Im Kreis der Liebe geschieht ein Wunder. Alles kann durch diese Liebe genährt werden. Und die Liebe ist es, die heilt. Es ist die Liebe in den Medikamenten, die uns heilt. Jemand hat viele Stunden im Labor gearbeitet, um sie herzustellen. Die Liebe in der Hand des Chirurgen. Die Liebe in der Stimme der Mutter und des Vaters. Die Liebe in den Pflanzen, die wir essen – in den Nahrungsmitteln, die uns ernähren. Und vor allen die Liebe des Schöpfers, die alles möglich macht

– seit Anbeginn der Zeit, obwohl Zeit nicht existiert. Es geht um die Rückkehr zur Liebe. Sei einfach Du selbst und das Wunder der Schöpfung wird für Dich passieren.

*

Wer hat schon einmal ein *Dhikr* gemacht? Es ist eine Form der Erinnerung – eine Form des Gebets. Der Grund, es zusammen zu machen, liegt in der Möglichkeit, den Körper zu öffnen und der Liebe zu erlauben, sich in alle Zellen zu verteilen. Es ist eine gute Möglichkeit, die Atmung in Schwung zu bringen – und eine gute Möglichkeit, dass Heilung auf ganz einfache Weise stattfinden kann. Wenn der Atem sich durch den Brustkorb bewegt und über das Herz streicht, dann beginnt er die Qualität der Liebe mit sich zu tragen. Mit dieser Qualität unseres Atems kann geheilt werden. Viele, viele Traditionen heilen über die Atmung. Viele wissen, dass über die Hand, den Kopf oder speziell das Herz geheilt werden kann, aber nicht viele wissen, dass mit dem eigenen Atem geheilt werden kann. Wir werden das heute gemeinsam machen. Am Schluss können Sie Ihren Atem in Körper, Herz, Verstand oder Gefühl schicken, um dort Heilung zu erfahren. Sie können Ihren Atem auch zu Ihren Lieben schicken, um zu heilen.

Jenseits der Idee von Gut und Böse
liegt eine Wirklichkeit. Dort werde
ich dich treffen.

Rumi

# Integrierte Spiritualität: eine neue Erde

*Annette Kaiser*

Die Menschheit steht heute an einem ganz speziellen Punkt. An einem Punkt, an dem sich die menschliche Entwicklung weiter entfalten will. Es ist ein Bewusstseinswandel im Gange. Es brodelt. Äußerlich ist noch das alte Bewusstsein sichtbar, aber innen bewegt sich sehr viel. Es geht um einen Bewusstseinswandel von „Ich bin Annette" zu „Ich bin", der sich allmählich vollzieht.

Unser alltägliches Bewusstsein entspricht meist einem Mischfeld der Ratio, das unter anderem magische, mythologische und archaische Elemente enthält. Verlieben wir uns beispielsweise, dann entsteht ein solches Mischfeld.

Die meisten Menschen im Westen schwingen hauptsächlich in einem rationalen Bewusstsein. Und genau in diesem Bereich bricht etwas auf. Und das geschieht nicht nur hier, sondern überall auf der Erde. Dieser Prozess ist in einer bestimmten Weise unaufhaltsam. Wenn ich das so sage, dann stimmt das, und es stimmt wiederum auch nicht. Und ich bitte Sie, das in Erinnerung zu halten. Denn das, wovon ich zuerst spreche, betrifft die relative Ebene.

Evolution hat mit Zeit zu tun, andererseits existiert Zeit aber nicht. Das scheint ein Widerspruch zu sein. Trotzdem bewegt sich etwas auf einer bestimmten Ebene. Das Universum entfaltet sich. Es dehnt sich immer noch aus. Es ist möglich, dass es einmal wieder sich zusammenfällt – die Ausatmung in ein Einatmen mündet. Im Moment dehnt es sich aus und parallel dazu entwickelt sich das Selbstverständnis des Menschen.

Im Frühjahr war ich in Namibia. Dort entdeckte ich in einem kleinen Dorf quasi am Ende der Welt in einem Cafe ein Buch mit dem Titel „I was born in Afrika.", „Ich bin in Afrika geboren." Auf dem Cover war ein Mädchen mit geschlossenen Augen abgebildet, auf der Rückseite mit offenen Augen. Ich schaute hinein und konnte kaum glauben, was ich las. Dieses Mädchen heißt *Dorin*, ist sieben Jahre alt und sagt Folgendes: *„Ich weiß alles. Ich bin ohne Absicht. Ich gebe nur Informationen weiter. Es gibt weder gut noch böse. Ich bin in Afrika geboren. Aber in Wirklichkeit bin ich du und du bist ich. Versuche dich zu erinnern."* Weiter sagt sie: *„Der Himmel ist die Grenze. Aber warum? Ich bin ohne Grenze. Warum begrenzt du dich? Weil wir die Unendlichkeit nicht handhaben können, setzen wir Grenzen."*
Sie bezieht sich auf die Acht als Symbol der Unendlichkeit und sagt, wenn wir alle uns die Hände reichen, dann können wir die Zahl acht mal acht multiplizieren. Das ergibt vierundsechzig. Vierundsechzig symbolisiert nicht mehr die Unendlichkeit. Sie ist eine begrenzte Zahl. Grenzen ermöglichen uns, weiter zu gehen – den Horizont zu erweitern, den Himmel nicht als Begrenzung zu erleben, sondern zu verstehen, dass die Welt, die Schöpfung in jedem Augenblick neu kreiert ist, dass alle Möglichkeiten zur Verfügung stehen. Und dann sagt *Dorin*: *„Kinder vertrauen, sie leben im Moment. Vertraue dir. In meiner Welt gibt es keine Absicht. Sie kombiniert Klang, Farbe und Bewegung. Deine Fragen enthalten deine Antworten. Ich bin die Möglichkeit, die zu*

*einem Ende führt.* " Der Schlüssel liegt im Sein. Im „Ich bin". Solche Begegnungen sind nicht zufällig. Nach meiner Erfahrung kommen immer mehr Menschen mit einer tieferen Ebene ihres Daseins in Kontakt, was ihnen neue Perspektiven eröffnet.

Ich lerne jeden Moment. Gerade lerne ich etwas, das ich gerne mit Ihnen, die Sie als Arzt oder Ärztin arbeiten, teilen möchte. Wenn Sie den menschlichen Körper behandeln, dann gibt es da gleichzeitig noch andere Körper. Durch den gegenwärtigen Bewusstseinswandel auf der Erde, wodurch sich unser Bewusstsein vertieft und erweitert, öffnen sich den Menschen neue, erweiterte Zugänge – Zugänge zu feinstofflicheren Ebenen. *Klaus-Dieter Platsch* hat über Frau *Tweedie* gesprochen, die während ihrer Schulung hellsichtig wurde. Im 21. Jahrhundert verstehen wir jetzt immer mehr, welches Potenzial überhaupt im Menschsein steckt. In Zukunft werden wir die Menschen immer feinstofflicher verstehen und sehen können. Und das betrifft alle Menschen.

Sie alle haben gestern mit Frau *Claes* Wahrnehmungsübungen gemacht, wodurch jeder selbst ausprobieren konnte, dass wir alle einen Zugang zu den feineren Ebenen haben. Wenn das allen möglich ist, kann es auch keinen Missbrauch mehr geben. Gerade wegen des möglichen Missbrauchs waren diese Ebenen früher geschützt. Spiritualität kann auch Gefahr in sich bergen. Die Gefahr, Macht auszuüben. Heute ist es jedem Menschen möglich zu erwachen – klassisch, traditionell ausgedrückt. Das Herz singen zu lassen. Die Liebe frei schwingen zu lassen. Reines Bewusstsein mehr und mehr in seiner Wirkungskraft zu verstehen – ich meine „rein" nicht wertend, sondern im Sinne von „nicht getrübt".

So möchte ich heute von den sieben „Körpern" sprechen, was über die Physis des Menschen weit hinausgeht. Wenn ich von „Körpern" spreche, dann ist das nicht ganz richtig, denn es handelt sich eher um sieben Leuchtfelder.

Der erste ist der Körper selbst. Er hat ein materielles Bewusstsein. Was heißt das? Das ist schwer zu sagen, denn was heißt überhaupt Materie? Wir wissen heute nicht mehr so genau, was Materie ist. Wir können aber den Körper innerlich erfragen, erspüren, seine Potenzialitäten auszuloten. Die spirituellen Traditionen haben den Körper früher eher als etwas zu Transzendierendes wahrgenommen. In der tieferen Schulung der Wirklichkeit, in der es immer auch um Immanenz geht, wird der Körper aber als ebenso wesentlich erachtet.

Der Körper hat ein Bewusstsein, eine unerhörte Intelligenz. Er ist in gewisser Weise „intelligenter" als unser Gehirn. Das lässt sich leicht überprüfen. Noch weiß man kaum, wie das Ganze zusammenspielt – auch die Wissenschaft nicht. Aber was da zusammenspielt, ist von einer großen Schönheit.

Es zeugt von ungeheurer Intelligenz, wie die Zellen sprechen, wie sie leuchten, wie die Organe geformt und erneuert werden, wie das Nervensystem ausgebildet ist, wie alle Informationen miteinander verknüpft sind. Es ist eigentlich ein großes Geheimnis.

Das Zellwissen des Organismus ist vergleichbar mit einer universellen Bibliothek. Über die DNS des Körper haben wir z.B. auch Zugang zur *Akasha-*

Chronik[24]. Man beginnt gerade erst zu erforschen, was das ist. Dabei sind die Forscher noch sehr auf den materiellen Bereich fokussiert, obwohl die Informationen der feinstofflichen Ebene entsprechen. Der materielle Körper selbst ist ein großer Alchemist. Er ist ständig in Wandlung und strebt nach Unversehrt-Sein.

Der zweite Körper ist der „Ätherische Körper". Man kann sich ihn ein bisschen wie einen Badeanzug vorstellen – aber mehr als räumliche Ummantelung. Dieser Körper speist den physischen Körper mit Licht, mit Energie. Das Chakrasystem ist hier angelegt. Der ätherische Körper ist in fließender, welliger Bewegung, in dem ständig Energieströme fließen. Ich bitte Sie, sich der Möglichkeit zu öffnen, dass in sich selbst wahrnehmen zu können.

Der dritte Körper ist der emotionale Körper. *Anouk Claes* hat gestern darüber gesprochen, wo im Körper die Emotionen sind. Manche Menschen können sie auch als Farben, die im Umfeld schwingen, sehen. Der emotionale Körper ist seiner Natur nach astral und kollektiv unbewusst. Er ist ein Spiegel mit magnetischer Anziehungskraft. Durch ihn fühlen wir das Leben. Ich fand sehr interessant, was *Anouk Claes* gestern über die Eifersucht gesagt hat. Über die Kraft, die hinter der Eifersucht steht. Alle Emotionen beinhalten eine Kraft in sich. Ohne Wertung. Der emotionale Körper kann die Ätherebene lesen.

---

[24] Akasha bedeutet Lichtäther. Nach der Akasha-Chronik der indischen Philosophie prägt sich alles, was auf der Welt geschieht, dem Akasha-Feld ein. Das ist heute mit dem Nullpunktfeld des Quantenvakuums vergleichbar. (Anm. d. Hgs.)

Sein Anliegen ist Schöpfung – Kreativität durch Reflexion in Verbindung mit dem spirituellen Körper. Mit „Körper" ist nichts Fixes gemeint. Auch nichts Geschachteltes: Schachtel eins, zwei, drei, vier, fünf. Die Körper sind in Wirklichkeit nicht fest, sondern dynamisch. Aber ich trenne das Ganze ein bisschen auf, um die Charakteristika zu verdeutlichen.

Der vierte Körper ist der mentale Körper. Zu ihm gehören Verstand, Gedächtnis, Intelligenz und intuitives Denken. Der mentale Körper hat einen großen Einfluss auf die vorangegangenen Körper, denn die Energie der Gedanken kann sich materialisieren.
Das Denken kann ein Stück weit gelenkt werden. So können wir Gedanken, die unwesentlich sind, einfach durchschweben oder durchschwingen lassen, um nur mit den wesentlichen Aspekten zu arbeiten. Der Mentalkörper ist der „Landeplatz" für intuitives Denken und spirituelles Bewusstsein. Er hat ein breites Spektrum, das von Zweifel bis hin zu Vertrauen reicht. Der Mentalkörper denkt das Leben. Sein Anliegen ist die Umwandlung von Licht in menschliche Kraft durch Intelligenz. Unsere mentale Haltung verändert unsere Frequenz.

Der fünfte Körper ist der spirituelle Körper. Auch in der Tradition, aus der ich komme. *Bhai Sahib*, Frau *Tweedies* Lehrer, sprach über die fünf Körper. Nicht sieben, sondern fünf. Wenn wir von sieben Körpern sprechen, werden der Mentalkörper und der Emotionalkörper als zwei Aspekte gerechnet. Den letzten Körper hingegen kann man gar nicht mehr als Körper bezeichnen.

Der spirituelle Körper ist der einzige „Körper", den wir suchen – durch die Sehnsucht. Die Sehnsucht rührt von diesem Körper her, diesem Aspekt unseres Dasein. Der spirituelle Körper bringt Bewusstsein ins Herz – Bewusstsein in Form des höheren Denkens und der Liebe. Wiederum ohne Wertung. Er bringt das Feuer in die Inkarnation und verbindet sich mit dem irdischen wärmenden Feuer des Emotionalkörpers. Der spirituelle Körper ist eine Art Brücke zwischen dem Mentalkörper, dem Lichtkörper und dem höheren Selbst. Im spirituellen Körper gibt es nur ein Eintreten und ein Austreten. Wir nennen das Jojo-Prinzip: Verbunden fühlen wir uns eins. Ist dieser Teil in uns integriert, präsent, dann sind wir zu Hause. Anders herum fühlen wir uns getrennt. Dann ist diese Verbindung nicht mehr bewusst vorhanden.

Das Anliegen des spirituellen Körpers ist die Harmonie, das Vervollkommnen. Die innere Harmonie, die allem innewohnt, ausdehnen und erweitern. Das ist reine Energie. Wenn wir darin schwingen und sie integriert ist, beginnen wir spontan und natürlich einfach zu leben. Der Ausspruch „Liebe und tu, was tu willst"[25] charakterisiert, was es mit diesem Spontan-und-natürlich-Leben meint. Wir sind als Individuum einzigartig, und wir dürfen auch verrückt und verquer sein. Und vergleichen Sie dabei bitte nicht! Eigentlich geht es nur darum, nach innen zu schauen und wahrzunehmen: Was ist das für eine Farbe? Was ist das für eine Alchemie? Wie will sie sich ausdrücken? Und das ist absolut unpersönlich gemeint. Frei, spontan, natürlich. Der inneren Stimme folgen. Mit dem Herzen gehen, mit dem inneren Licht.

---

[25] Augustinus

Der nächste Körper ist der Lichtkörper. Er ist intelligentes Licht. Er entspricht einem Quantensprung von Form in die Nicht-Form. Licht. Unendlich. Grenzenlos. Wir sind Licht. Ich liebe Mohammeds Gebet, in dem er sagt: „Licht über Licht". Aber eigentlich ist es sogar Licht in Licht. Auf einer sehr tiefen Ebene existiert einfach nur Licht, das in Form und im Formlosen tanzt.

Alles was wir brauchen, ist im Jetzt vorhanden. Alles ist jetzt da. Ich hatte eine interessante Begegnung mit einer Frau, deren Kindheit recht schwierig war. Sie hatte etwa dreißig Jahre lang Therapie gemacht und sagte, ihr Leben sei fürchterlich gewesen. Einmal machte sie eine Erfahrung: Sie wurde von einem Wirbelwind erfasst. Plötzlich sah sie eine innere Tafel vor sich – wunderschön und perfekt gestaltet. Darauf stand: „Gott ist, was ist". Da sagte sie zu mir: „Was soll ich jetzt damit anfangen? Ich habe immer wieder solche Erfahrungen. Ich will damit eigentlich nichts zu tun haben". Ich antwortete ihr: „Wie wunderbar!" Man kann das Wort „Gott" ja auch ersetzen und vom Namenlosen sprechen, oder von DAS oder ES. Gott ist, was ist. In diesem Verständnis sehen wir mehr und mehr – innen wie außen –, wie alles in der Stille wurzelnd singt. Im Licht schwingt, lebendig ist, Liebe ist. Es ist kaum auszudrücken. Da gibt es keine Trennung.

Die Kunst ist, in dem, was ist, zu erkennen, was wirklich ist. Es gibt in allem eine Logik. Ich sitze hier auf einem Stuhl aus Plastik. Wenn ich mich in ihn einschwinge, lebt er. Wenn ich tiefer gehe, frage ich: Wer hat das Plastik fabriziert? Dann tauchen vielleicht eine Fabrik, Arbeiter oder Leute auf, die

die Maschine, die das Plastik produziert, erfunden haben. Für eine Maschine wiederum braucht man Metall. Woher kommt das Metall? Vielleicht aus Amerika, oder Afrika oder Indien. Ich stehe hier mit meinen Füßen auf dem Boden. Er ist aus Holz. Woher kommt das Holz? Aha, aus dem Wald. Wer hat es gefällt? Wer hat es verarbeitet? Wer hat das Tuch, das ich trage, gewoben?

Wenn wir genauer auf alles hinschauen, was ist, wenn wir unsere Augen öffnen, sehen wir, wie wir von allem zutiefst getragen und mit allem verbunden sind. Eins mit allem. Jedes Blatt, jeder Grashalm ist einzigartig. Jeder Mensch ist einzigartig. Jeder Atemzug ist einzigartig. Das ist die Schöpfung. Da kann man nur staunen. Und Staunen ist auch eine Art Lobpreisung. Alles was wir brauchen, ist jetzt vorhanden. Der göttliche Körper – wobei man eigentlich nicht von „Körper" reden kann – ist das große Mysterium. DAS. Namenlos. Es erscheint im Zentrum als Ruf. Als Ahnung. Als Stille. Tonloser Ton. Höchste Intelligenz. Absolut dynamisch. Nicht-Punkt. Nichts-Alles. Die Worte versagen. Auch das sind wir.

Wir Menschen sind wirklich mehrdimensional.

Die Köpfe sind jetzt vermutlich mit vielen Informationen angefüllt, aber wir können alles auch wieder vereinfachen, indem wir uns ganz in diesen Moment einschwingen. Dazu ich möchte Sie einladen, einen Moment die Füße auf die Erde zu setzen, sich ein bisschen zu rekeln und die Sitzknochen auf dem Stuhl zu spüren. Und wir wenden den Blick nach innen, nehmen uns innerlich wahr. Unsere inneren Räume sind ganz. Im innersten Inneren spüren wir dem nach und schmecken einen Geschmack davon. Jetzt, dieser Augenblick. Leben jetzt. – Dann können sie wieder die Augen öffnen. Wenn wir nach innen blicken – und das ist eine Eselsbrücke, weil wir mit der Zeit weder speziell nach innen noch nach außen blicken müssen –, erfahren wir einen bestimmten Seinsraum. Einen Seinsraum, den wir nicht beschreiben können. Das ist der erweiterte Bewusstseinsraum. Wenn wir dem nachspüren, ist da etwas, in dem wir uns aufgehoben und getragen fühlen. Da ist innerer Frieden. Stille. Es fehlt nichts. Kein Mangel. Vollkommen. Gerade jetzt.

Wenn ich vorhin von Bewusstseinswandel gesprochen habe, so meine ich, dass wir Menschen uns langsam in diesen Bewusstseinsraum hineinbewegen. Er war immer da, nur haben wir ihn nicht gesehen. Schon *Sartre* sagte: „Das was sagt «Ich bin», ist nicht dasselbe wie das, was denkt". Etwas weiß davon, wenn wir denken. Was ist dieses Wissen? Wissen ist nicht ganz der richtige Begriff. Es ist Bewusstsein. Bewusstsein ist bewusst, ohne dass wir denken müssen. Es weiß einfach. Und das Leben wird entspannt, wenn wir nicht soviel denken müssen, und weniger meinen, über das Denken verstehen zu müssen. Wenn wir erfahren, dass wir Bewusstsein sind, dürfen wir mehr spielen. Dann gibt es mehr Freude, mehr Leichtigkeit, und wir können mehr mit dem Lebensfluss tanzen.

Wir alle haben solche Erfahrungen, in denen wir Zugang zu diesem Aufgehobensein, diesem Einssein, diesem Erweiterten erlebt haben. Aber wie können wir diesen Zustand stabilisieren? Ich gebe Ihnen dazu zwei Hinweise – und ich rede jetzt allgemein. Der eine ist, es umzukehren: Wir beobachten, wann sich das erweiterte Bewusstsein einengt, und versuchen dann, es wieder zu weiten. Das geschieht, in dem wir das, was uns verengt, anschauen. Der zweite Hinweis ist zu erkennen, dass alles, wovon wir uns abgetrennt fühlen, zugleich auch immer das Tor in die Weite ist.

Gehen wir einmal zum zweiten Aspekt und machen eine Übung mit dem Nachbarn oder der Nachbarin. Die Übung kommt aus dem kaschmirischen Shivaismus. Sie werden sehen, dass es nichts gibt, das nicht in den Ursprung weisen würde. Über diese Übung werden sich die Akupunkteure und Akupunkteurinnen freuen. Sie geht so: „Wenn man mit einer scharfen Nadel in einem Körperteil sticht, dann wird dort das Bewusstsein so konzentriert, dass man in die Reinheit des göttlichen Zustands gelangt." Lassen Sie uns das gleich ausprobieren – ohne Nadeln. Wählen Sie sich einen Nachbarn oder eine Nachbarin und machen Sie nun einfach Folgendes: Drücken Sie den Arm oder die Hand Ihres Nachbarn. Wenn Sie fest zudrücken, spürt die andere Person den Schmerz. Beobachten Sie, was passiert, wenn Sie vom Schmerz weggehen oder wenn sie hineingehen. Probieren Sie es einfach aus. Wenn man in den Schmerz hineingeht, eröffnet sich ein Raum, eröffnet sich eine neue Dimension dahinter.

Die Schöpfung oder das Leben ist so beschaffen, dass wir jeden Augenblick in den Urgrund hineinblicken dürfen. Und es ist normal, das zu verstehen. Das ist heute nichts Besonderes mehr. Das lässt sich auch erfahren, wenn wir ein Glas Wasser trinken. Ganz einfach. Wenn wir im wachen Bewusstsein einen Schluck Wasser trinken, die Benetzung spüren, während es die Kehle hinunterfließt, dann sind wir in diesem Moment ganz in der Präsenz und es zeigt sich uns ein erweiterter Raum. Endlos.

Die Übung hat noch viele Verse. Ich sage Ihnen noch zwei weitere: „Alles was existiert, weist in den Urgrund. Wenn man überschäumende Freude beim Genuss von Essen und Trinken erfährt, soll man über den Zustand der Fülle meditieren und große Freude wird entstehen." Freude, die keine Ursache hat. Denn in unserer Essenz sind wir Menschen *Sat-Chit-Ananda*: Existenz – Reines Bewusstsein – Glückseligkeit. Und das wurzelt in etwas noch Tieferem, das wir nicht zu benennen vermögen. Noch ein letzter Hinweis. „Wenn man meditativ zwei Dinge, z.B. zwei Stühle oder zwei Menschen, gleichzeitig wahrnimmt, kann man den Geist in der Mitte zwischen ihnen ruhen lassen."

Das können wir probieren. Sie haben alle irgendwo ein Gegenüber. Schauen Sie in Ihrer Nähe zwei Gegenstände oder zwei Menschen an und nehmen Sie sie beide gleichzeitig war. Lassen Sie nun Ihren Geist in der Mitte zwischen ihnen ruhen und spüren dem dabei entstehenden Raum nach. Dann lassen Sie beide Gegenstände einen Moment ganz los – und da bleibt einfach Raum.

Der eine Aspekt ist also: Wir können alles, was uns begegnet, jede Trennung unseres tiefen Verbundenseins und Einsseins mit allem, als eine Art Gleitschiene in die Essenz nehmen. Der zweite Aspekt ist: Wir können das anschauen, was uns die Sicht verengt.

Und für Letzteres gibt es einen besonderen Begriff: das Ego. Wie entsteht das Ego überhaupt? Es ist etwas völlig Unpersönliches. Denn was passiert eigentlich? Formloses nimmt Form an und während des Form-Annehmens beginnt das Formlose, sich mit der Form zu identifizieren. Das ist ein automatischer Prozess, der im Menschen so stattfindet. Im Prozess der Identifikation entsteht ein „Ich" und ein „Mein". Nura hat das mit dem Kindsein erklärt, in dem wir zunächst noch in einer Einheit sind, aus dem heraus wir in die Trennung hineinwachsen und damit ein ganz anderes Selbstverständnis entwickeln. Doch das Ego ist weder schlecht noch gut.

Das Ego ist charakterisiert durch Struktur und Inhalt. Die Struktur ist immer gleich, der Inhalt ist auswechselbar. Wenn man zum Beispiel einem Kind das Spielzeug wegnimmt und es schreit „das ist mein Spielzeug", dann ist das Spielzeug der Inhalt. Wenn wir erwachsen werden, werden der Partner, die Partnerin, das Auto, der Beruf, das Haus, ein Brillantring, all diese Dinge zum Inhalt. Das ist ohne Wertung zu verstehen. Das „Ich" und „Mein" aber sind die Struktur.

In unserer heutigen Zeit besteht zum ersten Mal in der Entwicklung der Menschheit die Möglichkeit, das Denken vom Bewusstsein unterscheiden zu können. Die Wahrnehmung des Getrenntseins hat mit der Kombination der Sinne und des Denkens zu tun. Wir beginnen im Laufe des Lebens eine Welt wahrzunehmen, in der Ich und Du getrennt, in der wir statisch sind. Ich habe vorhin gesagt, dass das Formlose beginnt, sich mit der Form zu identifizieren. Identifizieren kommt vom lateinischen „idem facere", d.h. gleich machen. Identifizieren ist ein automatischer Mechanismus, der das Ich mit einem Objekt in Verbindung bringt, um sich diesem Objekt gleichzumachen und damit das Selbstwertgefühl oder das Selbstgefühl zu erhöhen. Wir können das ganz neutral sehen.

Das Ego hat noch eine weitere Funktion, nämlich, dass wir hier auf dieser Erde etwas bewirken können. Aber heute geht es darum, dass wir das Ego, das auch Leiden verursacht – das Kind schreit, wenn ihm etwas weggenommen wird, oder wir leiden, wenn uns etwas gegeben wird, das wir nicht wollen wie z.B. eine Schwiegermutter oder ein Schwiegervater –, in seiner Struktur und seinem Wirken zu verstehen lernen. Wir brauchen heute in diesem Sinne nicht mehr zu leiden. Leiden kommt durch Unwissenheit. Und Unwissenheit ist wiederum unpersönlich. Wir werden auf der Erde erst Frieden erreichen, wenn wir verstehen, dass Kriege zu führen und einander Schaden zuzufügen ein unpersönliches Geschehen ist.

Wenn die Egokraft „kratzt" und stört, merken wir es. Wenn wir uns bewusst werden, wie diese Kraft wirkt, können wir anders mit ihr umgehen. Es gibt drei Bereiche, in denen die Egokraft, das Identifiziertsein, besonders Leiden verursacht. Uns selbst, aber auch anderen.

Im ersten Bereich geht es um das Werten. Werten trennt. Etwas beobachten, wahrnehmen und klar unterscheiden, ist die eine Sache. Eine andere Sache aber ist Wertung: Das ist gut, das ist schlecht, das mag ich, das mag ich nicht, der gefällt mir, mit jener aber will ich nichts zu tun haben. Wie anstrengend macht das das Leben.

Der zweite Bereich ist Widerstand. Widerstand gegen das, was ist. Man fährt z.B. Auto, alles läuft bestens, doch plötzlich ruckt es. In einer solchen Situation war ich gerade, als ich hierher fuhr, und mein Auto zu stottern begann. Dann ging plötzlich alles wieder normal. Aber manchmal geht es ja nicht normal. Da platzt vielleicht ein Autoreifen. Was denken wir dann?: „Nicht gerade jetzt! Jetzt passt es mir wirklich nicht!", „Nicht schon wieder!" Die ganze Lebensenergie wehrt sich dagegen. Widerstand. Widerstand gegen zuviel, zu wenig, zu warm, zu kalt, zu groß, zu klein. Aber wenn wir das annehmen können, was ist, einfach annehmen, dann eröffnet sich ein Raum. Dann kommt die kosmische, die universelle Intelligenz, die uns den nächsten Schritt zu sagen vermag. Wenn wir aber in der Abwehr sind, „jetzt nicht", „ich muss mich doch beeilen", „ich sollte schon längst da sein", wenn wir so reagieren, wie können wir da noch eine Information empfangen, die uns eigentlich helfen will, aus dieser Situation wieder herauszukommen? Eine Autopanne spricht auch etwas zu uns, hat vielleicht auch eine Botschaft.

Der dritte Bereich ist Anhaftung. Sie verursacht sehr viel Leiden. Vor allem dann, wenn einem etwas genommen wird. Aber was kommt und was geht? Was ist wirklich? Es geht nicht darum, die Anhaftung zu bekämpfen. Das hat nichts mit Kampf zu tun. Es geht darum, die Anhaftung zu spüren, sie wahrzunehmen. Dann entsteht ein anderer Raum und ich verstehe.

Bewusstseinswandel. Integrierte Spiritualität. Neue Erde. Was meine ich damit? Integrierte Spiritualität heißt, dass wir auf einer bestimmten Ebene immer weiter lernen. Im Anfängergeist. Wir wissen nichts. Es gibt immer etwas neu zu erforschen. Jeder Tag ist neu. Jeder Tag hat eine neue Herausforderung und gleichzeitig ist immer das, was weiß, – Gewahrsein – da. Integrierte Spiritualität, eine neue Erde bedeuten Himmel auf Erden. Jetzt. „Himmel auf Erden jetzt" heißt einfaches, waches Dasein im Augenblick. Kein Werten. Kein Nein. Ja zu dem, was ist. Und wenn wir uns in diesem präsenten, wachen Dasein üben, entdecken wir Freude. Wir entdecken eine Freude am lebendigen Dasein, einfach ohne Grund. Wir entdecken eine Liebe, die nichts will, die nicht einmal die Welt verändern will. Sie verändert aus sich selbst heraus, aus dem Seinszustand – man geht nur mit diesem Lebensschwung. In dieser Präsenz ist eine innere und auch eine äußere Wahrnehmung, in der nichts mehr getrennt ist – alles eins ist. In dieser Präsenz sehe ich sehr wohl die Einzigartigkeit von jedem von uns, aber auch dieses Leuchten. Ich sehe das Herz. Ich sehe die Intention des Menschen. Ich sehe seine Liebe. Ich sehe sein Licht. Und von diesem Licht her kommen wir alle. In diesem präsenten, wachen Dasein lebt ein gesunder Menschenverstand. Der Verstand ist am richtigen Platz. Emotionen bringen die Farbe ins Leben. Und der Körper ist neu zu entdecken. Denn Materie ist nicht das, was wir glauben. Die Wissenschaft zeigt, wie durchlässig sie ist. Wir sind zu 99,999 Prozent leer.

Was heißt Himmel auf Erden? Wir kreieren durch die Präsenz, durch dieses wache Dasein eine neue Erde. Nicht aus einem Sollen oder Müssen heraus, sondern aus einem freien Dasein, in dem alles so sein darf, wie es ist. Das innere So-Sein will einem inneren Drang folgend aus sich selbst heraus Frieden und Harmonie. Wir müssen eigentlich nur diesem Schwung folgen. Das ist alles. So kann immer mehr die göttliche, die kosmische Intelligenz wirken; und durch die Einzigartigkeit jedes einzelnen Menschen und Bereichs entstehen immer mehr Lichtpunkte, die sich vernetzen. Und wenn wir in diesem Einverständnis zusammenkommen, wird sich allmählich auch eine neue Kultur entwickeln. Eine Kultur der Liebe. Der Himmel auf Erden. Es mag seltsam klingen, wenn ich sage „das Paradies auf Erden". Aber ich weiß, dass wir dieses Wissen in uns tragen. Jeder von uns kennt den Geschmack. Und er ist gerade jetzt. Himmel auf Erden.

# Fragen an Annette Kaiser

*Was Sie gesagt haben, ist eigentlich eine andere Interpretation des Evangeliums: „Wenn ihr nicht werdet wie die Kinder, werdet ihr nicht ins Himmelreich kommen." Und im Grunde sagen das alle Religionen auf irgendeine Art und Weise, dass es eben darum geht, uns dieses kindlichen Bewusstseins, dieses Daseins ohne nachzudenken, wieder bewusst zu werden.*

Es ist ein unmittelbares Dasein – und das hat was Spielerisches. Es ist natürlich nicht genau wie bei einem Kind, denn Kinder sind auf eine Weise noch unbewusst und trotzdem natürlich. Und auch das Denken darf stattfinden. Gesunder Menschenverstand ist Gold wert. Aber es hat dieses Spielerische und Freudige. Auch Begeisterung. Und für mich ist das wirklich erweitertes Bewusstsein, in dem eine Qualität von Bereitwilligkeit zu spüren ist. Bereit anzugehen, was immer ist. Man hat nicht immer Freude. Das ist klar, aber man ist bereitwillig. Und das zweite ist – das ist einfach meine Erfahrung –, dass da einfach ein freudiges Dasein ist. Und wir dürfen uns immer mehr erlauben, wir selbst zu sein, so wie wir sind. Und da gibt es einen Enthusiasmus: Ich bin so begeistert von dem Moment und von dem, was wir alles zu entdecken haben. Ich sehe innerlich das menschliche Potenzial. Enthusiasmus kommt von dem Wort „entheos" = „in Gott", und damit stecken wir die anderen Menschen auch an. Und es erweitert. Ich glaube, das hat etwas mit dem zu tun, was Sie sagen.

*Wie gehe ich mit meinen Kindern um, die jetzt im jugendlichen Alter sind und die natürlich werten, begrenzen und anhaften. Genügt da mein Beispiel, das ich ihnen vorlebe, dass ich versuche es anders zu tun, oder kann ich auf sie einwirken, diese Dinge zu sehen?*

Die beste Medizin ist, man selbst zu sein. Authentisch, einfach in wachem Bewusstsein man selbst sein. Kinder und Jugendliche merken nämlich haargenau, wenn wir nicht echt sind. Wenn wir irgendwo manipulieren wollen. Ich habe selbst zwei Kinder und sie waren haarscharf. Die hatten einen Riecher dafür, wenn ich etwas ein bisschen verdrehen wollte. Da haben sie mich nur so angeguckt.

Oder einmal, da habe ich meinen Sohn ziemlich gescholten. – Das ist ja auch okay. Manchmal passiert das einfach, aber ich war wirklich ein bisschen aus dem Gleichgewicht. – Da hat er mir gesagt: „Frau *Tweedie* würde das nicht so machen." Und da hatte er mich. Ich musste dem nachgehen und habe ich mich dann entschuldigt.

*Für mich fügt sich alles, was Sie sagen, sehr ineinander und ich kann das auch sehr gut nachvollziehen. Obwohl es das doch schon in allen Kulturen gegeben hat, habe ich das Gefühl, dass wir es fast schwerer haben als andere Kulturen, die ja auch teilweise hoch entwickelt waren, weil wir so durch anderes abgelenkt werden. Z.B. durch die Notwendigkeiten des Lebens, wodurch wir das verloren haben. Deswegen ist der Weg, worüber Sie sprechen, sicher auch wichtig. Wenn Sie sagen, dass wir jetzt eine Bewusstseinserweiterung haben, dann vollzieht sich diese Bewusstseinserweiterung ja wohl schon die letzten zweitausend Jahre, oder auf welche Zeit beziehen Sie das?*

Also, wenn es auf einer Ebene keine Zeit gibt, dann war das Bewusstsein schon immer da und wird immer so sein, und es gibt so gesehen gar keine Bewusstseinserweiterung. Aber man kann auf der relativen Ebene feststellen, dass die Menschheit in ihrem Bewusstsein eine gewisse Entwicklung gemacht hat. Grob eingeteilt eine Entwicklung vom archaischen, magischen, mythologischen und rationalen Prinzip in ein jetzt erweitertes Bewusstsein, ein transpersonales oder universelles Bewusstsein, wie immer Sie das bezeichnen möchten. Und wissen Sie, das ist ein natürlicher, fließender Übergang.

Wir sind jetzt vom 20. ins 21. Jahrhundert übergegangen. Da ist etwas interessant – einmal haben wir die Quersumme zwei und dann die drei.. Warum wurden in den 60er, 70er Jahren erstmals alle Geheimlehren öffentlich zugänglich? Das gab es vor zweitausend Jahren nicht, aber jetzt. Warum gibt es Internet? Das ist hoch spannend. Das sind Zeichen für eine Vernetzung von Informationen überall auf der ganzen Welt. Das zeigt uns etwas auf. Es ermutigt uns auch zu verstehen, dass wir wirklich ein lebendiger Organismus sind. Und das sind Aspekte, die schon uralt sind. Mystiker wussten das immer schon, aber das jetzt viele Menschen daran teilhaben, das ist ein neuer Impuls.

Und es ist alles leer. Existiert nicht. Das ist ganz wichtig, weil die Erde unendlich kostbar *und* völlig unbedeutend ist. Beides zusammen. Wenn wir denken die Erde ist kostbar, absolut kostbar, dann entsteht leicht in eine Bindung, eine Anhaftung, ein Wollen, das sich verselbstständigt. Wenn wir gleichzeitig sehen, dass sie leer ist, oder nochmals anders ausgedrückt, dass unsere Erde in Relation zum ganzen Kosmos nicht einmal ein Sandkörnchen ist, gibt das auch wieder eine Erleichterung. Das gibt ein tiefes Vertrauen. Das, was ist, ist. Und trotzdem sehen wir auf der relativen Ebene, dass wir ein ungeheures Leiden haben. Ich meine, wir haben im 20. Jahrhundert noch nie so viele Menschen vernichtet wie jemals zuvor. Das ist doch barbarisch. Das ist doch nicht sehr bewusst. Da ist noch keine Erkenntnis, dass, wenn ich etwas einem anderen antue, ich es mir energetisch selbst antue. Aber das gibt eine andere Grundlage.

Oder auch die Frage von Leben und Tod. Sterben? Was stirbt? Was wird geboren? Wenn wir verstehen, dass einfach dieser Mantel, diese Hülle wegfällt, aber das Leben weitergeht, warum sollte ich da den anderen noch umbringen? Verstehen Sie, das ist nicht logisch. Es ist immer beides. Die Liebe, die wir alle sind und die nichts will, schwingt einfach und will sich ausdrücken. Schauen wir die Natur an, von der wir unglaublich viel lernen können. Schauen wir z.B. das Leben einer Ente an. Vielleicht hat es sich gerade ein bisschen verändert, weil hier jetzt wegen der Vogelgrippe ein Sperrgebiet ist. Aber das Entenleben ist sicher zu neunzig Prozent einfach Happy Being. Freudiges Dasein. Zu zehn Prozent vielleicht ist es krank oder es kommt zur Vogelgrippe oder etwas anderem.

Und dieses Verhältnis ist eigentlich auch für uns Menschen gültig. Ich denke, dass sich diese Sicht der Dinge verbreiten sollte. Dass mehr und mehr Menschen verstehen, dass das Leben zur Freude, nicht zum Leiden gemeint ist. Durch die christliche Kirche haben immer gedacht, dass wir leiden müssen. Nein – die Schöpfung ist aus einem Akt der Liebe entstanden. Und wir sind hier, das Leben zu feiern. Und das ist nichts Großes. „Endlich normal", sagt *Theresa von Avila*. Endlich normal.

Die Liebe ist voller Mitgefühl. Mitgefühl für alle Lebewesen, für alles, was lebt. Auch Plastik lebt. Alles braucht seine Aufmerksamkeit, das hat auch *Bhai Sahib* immer gesagt. Alles braucht seine Aufmerksamkeit. Alles ist lebendig. Alles spricht auch mit uns. Wir sind eigentlich in einer Kommunion und darum ist es mir nicht gleich, was in Afrika geschieht. Aber nicht, weil ich eine Moral oder eine Ideologie habe. Ich spüre das, weil es ein Teil von mir ist. Ich muss aber auch nicht die Welt retten. Nein. Bin ganz frei. Bin absolut frei. Aber ich gehe mit dem, was mein Herz sagt, was der Impuls ist. Absichtslos, absichtsvoll. Und wer gibt, wer nimmt? Niemand gibt. Niemand nimmt.

*Wenn auf der einen Seite diese Liebe da ist, dieses Alleinsein, und ich dann aber auf der anderen Seite das Leid sehe, dann ist es für mich schwierig, mich abzugrenzen und nicht an meinem eigenen Mitgefühl zu leiden. Auf der einen Seite nimmt man es wahr, aber auf der anderen Seite finde ich es sehr schwierig, nicht zu sehr unter dem zu leiden, was letztlich vielleicht auch nicht zu ändern ist. Wir müs-*

*sen die Welt nicht ändern, aber dieses Bewusstsein, dass alles in einem großen Raum oder Rahmen eingebettet ist, ist bei mir noch nicht so angekommen.*

Das hat nichts mit Abgrenzung zu tun, denn wir müssen uns eigentlich nicht abgrenzen. Es hat mit dem Aspekt zu tun, dass alles zu 99,999 Prozent leer ist. Wenn wir das innerlich sehen, dann gibt es eine Ebene, wo einfach nichts passiert und nichts geschieht. Und wenn wir zu sehr mit der Form und nicht mit dem Formlosen identifiziert sind, dann kippt das.

Platsch: *Vielleicht kannst du es noch einmal kurz erläutern. Es geht nicht darum, dass wir nicht verantwortlich sind, nicht wahr?*

Ja, wir haben Selbstverantwortung. Aber wir haben nicht die moralische Verantwortung. Das ist was anderes für mich. Es ist eine Selbstverantwortung. Höheres Selbst. Es ist nicht die Verantwortung, die wir normalerweise einfach so übergestülpt bekommen: „Du solltest dich doch einsetzen für die Leute in der dritten Welt." Das ist wie leicht verschoben. Für den einen bedeutet das vielleicht einfach, Wasser zu trinken. Für jemand anderen ist es zu jodeln. Für jemand anderen bedeutet es, nach Afrika zu gehen. Aber verstehen Sie, es ist nicht identifiziert, völlig unpersönlich. Man geht einfach mit seinem Strahl, mit seinem inneren Impuls. Und dann kommt etwas am rechten Ort, zur richtigen Zeit mit den richtigen Menschen auf den Punkt. Spurenlos. Dann hinterlassen wir in diesem Sinne keine Spur. Stellen Sie sich einmal vor, wie das ist, wenn jeder einfach Seins in seiner Einzigartigkeit lebt, einfach ganz in Freude. Ich bin sicher, die Erde würde beginnen zu kichern. Auch irgendwo vor Freude.

*Das ist jetzt keine Frage, sondern ein Danke-schön. An diesem Wochenende habe ich wieder ge-merkt, wie sehr sich das Feld verstärkt. Und wie rasch und wie ungeheuer auch eine Ansammlung von solchen Menschen wirkt, wie sie hier ist. Das musste ich einfach los werden.*
*Das ist ein Dankeschön an alle.*

*Spielt bei Ihnen das Denken von* Teilhard de Chardin *– der Evolutionstheoretiker und Jesuit, der von der Katholischen Kirche indiziert wurde – im Sinne der Konvergenztheorie mit der Vision des von ihm benannten Omega-Punktes, auf den die Dinge konvergieren, eine Rolle? Bei ihm ist es ja ähnlich wie bei* Plato*: Mann und Frau seien abgesprengte Teilchen eines Ganzen und in der Konvergenz der Dinge entsteht wieder diese, wie auch immer zu defi-nierende Einheit jenseits aller Geschlechterkriege. Spielt das eine Rolle bei Ihnen?*

Ich kenne *Teilhard de Chardin* nicht so genau. Ich habe mich nur mit Aspekten von ihm befasst. Sie haben aber von Mann und Frau gesprochen, als zwei und dann als Ganzes. Ich bin ja verheiratet. Ich habe einen tollen bayerischen Mann. Wir lieben uns und haben auch diese beiden Pole, die ganz körperlich auch gerne zusammen sind, ab und zu. Und trotzdem ist auch das andere da – manchmal gleichzeitig, manchmal verschoben. Das hat alles seinen Platz. Das ist ein Aspekt von Multidimensionalität, die wir heute mehr und mehr verstehen. Eine Gleichzeitigkeit der verschiedenen Ebenen, die wir unterscheiden können und wo auch alles seinen Platz hat. Das wird nicht gegeneinander ausgespielt. Denn wenn ich genau hinschaue auf die Begegnung Mann-Frau, hinschaue, was meine Körperlichkeit ist, widerspiegelt sich darin wiederum Alles-Nichts.

Darf ich zum Schluss noch schnell einen Witz erzählen? In diesem Witz geht es um einen Mönch, weit weg in Asien, wahrscheinlich in einer Mission. Dieser Mönch kam in den Dschungel. Dort tauchten plötzlich drei Tiger auf, und er wusste, was die wollten. Er sank auf die Knie und schickte ein Stoßgebet zum Himmel: *Wenn sie doch nur Christen wären, wenn sie doch nur gottesfürchtige Wesen wären, hilf!* Und so betete er mit geschlossen Augen. Als er die Augen öffnete, sah er die drei Tiger mit ihren Tatzen beten: *Herr, wir danken dir für Speis und Trank.*

# Weiterführende Literatur

*Bücher der Referentinnen/Referenten (Auswahl)*

Jakob Bösch: Spirituelles Heilen und Schulmedizin, AT Verlag, 2006

Annette Kaiser: Manifest der Liebe, Theseus Vlg., Berlin 2006

Annette Kaiser: Jenseits aller Pfade – Visionen einer neuen Spiritualität, Hg. Anna Platsch, Theseus Vlg., Berlin 2004

Annette Kaiser: Der Weg hat keinen Namen – Leben und Vision einer Sufi-Lehrerin, Hg. Anna Platsch, Theseus-Vlg., Berlin 2002

Klaus-Dieter Platsch: Was heilt – vom Menschsein in der Medizin, Theseus Vlg., Stuttgart 2007

Klaus-Dieter Platsch: Die 5 Wandlungsphasen - Tor zur Chinesischen Medizin, Urban&Fischer, München 2005

Klaus-Dieter Platsch: Psychosomatik in der Chinesischen Medizin – wenn Geist Essenz durchdringt, Urban&Fischer, 2. Auflage, München 2005

Klaus-Dieter Platsch (Hg.): Bewusstsein und Transformation – ein Geschmack vom Ganzen, Book on Demand, 2005

Klaus-Dieter Platsch (Hg.): Tod und Sterben – ein Geschmack der Ewigkeit, Book on Demand, 2003

Klaus-Dieter Platsch (Hg.): Medizin und Spiritualität – ein Geschmack vom Heilen, Book on Demand, 2002

*Zum Thema*

Aaron Antonovsky: Salutogenese – zur Entmystifizierung der
Gesundheit, dgvt Verlag, Tübingen 1997

Helga Egner (Hsg.): Heilung und Heil – Begegnung,
Verantwortung, Interkultureller Dialog, Walter Verlag,
Zürich 2003

Annie Berner-Hürbin: Hippokrates und die Heilenergie,
Schwabe Verlag, Basel 1997

Larry Dossey: Die Medizin von Raum und Zeit – ein
Gesundheitsmodell, Sphinx Verlag, Basel 1984

Gerald G. Jampolsky: Was heilt ist die Liebe, Kösel, München
2000

Byron Katie: Lieben was ist, Arkana Goldmann, München 2002

Clemens Kuby: Unterwegs in die nächste Dimension –
MeineReise zu Heilern und Schamanen, Kösel,
München 2003

Ervin Laszlo: Das fünfte Feld, Bastei Lübbe, 2000

Ervin Laszlo: Zu Hause im Universum – eine neue Vision der
Wirklichkeit, Allegria, 2005

Jeff Levin: God, Faith and Health, John Wiley & Sons, New
York 2001

Bernard Lown: Die verlorene Kunst des Heilens, Suhrkamp
Taschenbuch, Stuttgart 2004

John R. Millenson: Die Einheit von Körper und Seele – Die Bedeutung der Psyche in der Ganzheitlichen Medizin, Verlag für Ganzheitl. Medizin E, Wühr, Kötzting 1998

Paul Pearsall: Heilung aus dem Herzen, Die Körper-Seele Verbindung und die Entdeckung der Lebensenergie, Goldmann Vlg., 1999

Saki Santorelli: Zerbrochen und doch ganz – Die heilende Kraft der Achtsamkeit, Arbor, Freiamt 2000

C. Noman Shealy, Caroline M. Myss: Auch du kannst heilen; Rohwolt, 1998

Rupert Sheldrake / Matthew Fox: Die Seele ist ein Feld, Dialog zwischen Wissenschaft und Spiritualität, O.W. Barth Vlg., 1999

Silvia Wallimann: Die Umpolung, Tamaron Verlag

Silvia Wallimann: Erwache in Gott, Tamaron Verlag

Ulrich Warnke: Die geheime Macht der Psyche, Popular Academic Verlagsgesellschaft, 1999

Ken Wilber: Ganzheitlich Handeln, Arbor, 2001

Ken Wilber: Einfach Das, Fischer, 2001

*Spirituelle Literatur*

Sri Aurobindo: Wenn die Seele singt, Kreuz Vlg., 2001

Willigis Jäger: Die Welle ist das Meer, Herder-Spektrum, 2000

Christina Kessler: Herzensqualitäten – die Intelligenz der Liebe, Ansata, 2005

Ayya Khema: Meditation ohne Geheimnis, Theseus Vlg.

Jack Kornfield: Das Tor des Erwachens, Kösel Vlg., 2000

Ramana Maharshi: Sei, was du bist!, O.W. Barth, 2002

Ani Tenzin Palmo: Weibliche Weisheit vom Dach der Welt, Arbor, 2004

Tony Parsons: Open Secret – die Erfahrung der Nicht-Dualität, Lüchow, 2000

Anna Platsch: Offenes Siegel – meine Reise zu Sufis und Muslimen, Theseus Vlg., Berlin 2006

Peter Russell: Quarks, Quanten und Satori, Kamphausen, 2002

Suzanne Segal: Kollision mit der Unendlichkeit, Rowohlt Taschenbuch, 2000

Tarab Tulku XI, Lene Handberg (Hsg.): Einheit in der Vielfalt – Moderne Wissenschaft und östliche Weisheit im Dialog, Theseus Vlg. Berlin 2005

Thich Nhat Hanh: Die Wunder der Achtsamkeit, Theseus Vlg.

Eckhart Tolle: Eine neue Erde – Bewusstseinssprung anstelle von Selbstzerstörung, Arkana Goldmann., München 2005

Irina Tweedie: Der Weg durchs Feuer, Ansata-Vlg., 1988

Llewellyn Vaughan-Lee: Transformation des Herzens, Fischer, 1999

Brian Walker: Laotses unbekannte Lehren – Das Hua-Hu Ching, Aurum, Bielefeld 2003

Jeder Tag ein neuer Tag

# Kurzbiographien und Anschriften

*PD Dr. med. Jakob Bösch*
war bis Ende Januar 2006 Chefarzt der Externen Psychiatrischen Dienste Baselland und Privatdozent für Psychiatrie und Psychosoziale Medizin an der Universität Basel. Autor von „Spirituelles Heilen und Schulmedizin im AT Verlag 2006 (4. Auflage). Schwerpunkt geistiges Heilen in der Schulmedizin in Forschungsprojekten. Preisträger der Schweizerischen Gesellschaft für Psychiatrie, der Schweizerischen Vereinigung für Parapsychologie und des Schweizerischen Verbandes für Natürliches Heilen.

Anschrift:    PD Dr. med. Jakob Bösch
Institut Spirituell Orientierte Therapie
Habertürliweg 12, CH-4133 Pratteln
Tel. 0041 (0)61 951 15 94
Email: info@jakobboesch.ch
Homepage: www.jakobboesch.ch

*Anouk Claes*
ist gebürtige Belgierin, lebt in Basel und hat von Geburt an die Gabe des Sehens. Sie führt eine spirituelle Beratungs- und Ausbildungspraxis in Basel, ist Kursleiterin und Supervisorin für Therapierende und hält gemeinsam mit PD Dr. Bösch Seminare und Beratungsstunden. Sie gibt das neu erschienene Magazin *Heilen heute* heraus, das den Themen Heilen, Heilung und Selbstheilung gewidmet ist.

Anschrift:    Anouk Claes
Institut Spirituell Orientierte Therapie
Habertürliweg 12, CH-4133 Pratteln
Tel. 0041 (0)61 951 15 94
Email: anouk@anoukclaes.ch

*Annette Kaiser*

hat Volkswirtschaft studiert, ist spirituelle Leiterin der „Villa Unspunnen" in der Schweiz und der „Windschnur" in Deutschland. Sie steht in der Nachfolge der englisch-russischen Sufi-Lehrerin Irina Tweedie und lehrt eine zeitgemäße, Konfessionen und spirituelle Pfade transzendierende Spiritualität. Sie ist verheiratet, hat zwei erwachsene Kinder und unterrichtet auch Taiji. Ihre drei letzten Bücher sind „Der Weg hat keinen Namen", „Jenseits aller Pfade" und „Manifest der Liebe".

Anschrift:      Villa Unspunnen
CH-3812 Wilderswil
Email: : info@villaunspunnen.ch
www.villaunspunnen.ch
Tel 0041 (0) 33 821 04 44
Fax 0041 (0) 33 821 04 45

*Nura Loeks*

aus Santa Fe, USA, ist Heilerin und konfessionsübergreifende spirituelle Lehrerin: „Es gibt Zeiten, da bete ich als Jüdin, als Muslimin, als Hindu oder als Christin." Sie initiiert und koordiniert humanitäre Projekte weltweit. Seit 2006 leitet sie die Healing School in den USA und Europa. Ein ausführliches Interview über Nura Loeks ist nachzulesen in „Offenes Siegel – meine Reise zu Sufis und Muslimen" von Anna Platsch im Theseus Verlag (2006).

Anschrift:      Nura Loeks
PO Box 24278
Santa Fe, NM 87502, USA
Email: nura@att.net
Homepage: www.nuraloeks.org

*Dr. med. Klaus-Dieter Platsch*

Arzt in eigener Praxis im Chiemgau für Innere und Chinesische Medizin, Psychotherapeut, Dozent der Deutschen Ärztegesellschaft für Akupunktur, Leiter des Instituts für Integrale Medizin und der Tagungsreihe „Medizin und Spiritualität". Vorträge und Buchveröffentlichungen, u.a. „Was heilt – vom Menschsein in der Medizin", „Psychosomatik in der Chinesischen Medizin" und „Die fünf Wandlungsphasen – Das Tor zur chinesischen Medizin". Er ist verheiratet und hat drei erwachsene Kinder.

Anschrift:    Institut für Integrale Medizin
Dr. med. Klaus-Dieter Platsch
Windschnur 8
D-83132 Pittenhart
Tel   0049-(0)8624-89 17 77
Fax  0049-(0)8624-89 17 78
Email: info@integrale-medizin.net
www.drplatsch.de

Die bisherigen Tagungsbände sind über den Buchhandel erhältlich:

**Medizin und Spiritualität – ein Geschmack vom Heilen**

Books on Demand, 2002
ISBN 3-8330-0115-1

**Tod und Sterben – ein Geschmack der Ewigkeit**

Books on Demand, 2003
ISBN 3-00-012757-7

**Bewusstsein und Transformation – ein Geschmack vom Ganzen**

Books on Demand, 2005
ISBN 3-8334-2600-4

———————————————

Alle Beiträge dieses Buches gibt es auch als
**Audiokassetten**.

Sonnenweb – Holger Sonntag
Louis Schlutter Str. 18a
07545 Gera/Thüringen

Tel. +49.365.21475531
Fax. +49.365.21475532

Email: hs@sonnenweb.com
Homepage: www.sonnenweb.com